LES

ARMÉES

FRANÇAISES.

IMPRIMERIE DE J.-B. IMBERT,
rue de la Vieille-Monnaie, n° 12.

LES ARMÉES FRANÇAISES,

DEPUIS LE COMMENCEMENT DE LA RÉVOLUTION JUSQU'A LA FIN DU RÈGNE DE BONAPARTE,

OU

RECUEIL de traits de bravoure, de beaux faits d'armes, de réponses ingénieuses, de mots piquans de tous les militaires Français ; suivi d'une Table chronologique de toutes les batailles livrées par les armées françaises, depuis 1792 jusqu'en 1815.

TROISIÈME ÉDITION,

Revue, corrigée et augmentée.

Ils brûlent, ces braves guerriers,
Jusqu'à leur dernière cartouche ;
Puis ils dorment sur des lauriers :
Comme on fait son lit on se couche.

BRAZIER.

A PARIS,

LE DENTU, Libraire, quai des Augustins, n° 31, et passage Faydeau, n° 28.

1817.

AVERTISSEMENT

DE LA 3e ÉDITION.

Le succès prodigieux qu'a obtenu le petit ouvrage dont nous publions aujourd'hui la troisième édition, pourrait être une nouvelle preuve que toutes les fois que l'on fera résonner à des oreilles françaises les mots de *gloire*, *d'honneur*, *de bravoure*, *de loyauté*, *d'amour et de devouement pour le roi*, jamais un Français ne pourra les entendre sans émotion. Trois mille exemplaires des Armées Françaises ont été enlevés en moins de six semaines ; chacun semblait voir dans ces archives de nos victoires, un patrimoine auquel il devait avoir part. Après vingt-cinq ans des guerres les plus funestes et les plus glorieuses dont notre histoire fasse mention ; quand près de six milliers de Français ont paru dans les camps, brillé dans nos combats ou péri sur nos champs de bataille, il n'est pas étonnant qu'une grande partie de la nation soit intéressée à nos triomphes; il n'est aucun Français qui puisse être étranger à la gloire de nos armées : c'est à ce sentiment national, à ce besoin de souvenirs glorieux, que nous devons attribuer un succès auquel nous n'avons ici que la plus petite part. Nous avons cru devoir reconnaître la faveur avec laquelle le public a accueilli notre travail, en le rendant complet. Cette troisième édition renferme un grand nombre d'anecdotes nouvelles qui nous ont été communiquées par des militaires dignes de foi. Nous recevrons, avec reconnaissance, tous les faits qu'on voudra nous faire parvenir, et nous nous ferons un devoir de ne rien négliger pour rendre ce recueil d'anecdotes digne des braves auxquels nous en sommes redevables.

AVIS DES ÉDITEURS.

Puisque la bataille de Waterloo semble avoir fait oublier à l'Europe qu'il a existé des armées françaises, et que leurs drapeaux ont flotté sur les murs de Vienne, de Berlin, de Rome, de Naples, de Madrid, de Moscou ; il est du devoir d'un Français de le lui rappeler, et il y a peut-être quelque mérite à choisir cette circonstance pour l'essayer. Les plaines de la Belgique ont vu les derniers efforts de nos armées ; les restes de dix millions de braves sont venus périr dans les champs de Fleurus, trois fois témoins de nos triomphes. La fureur d'un seul homme, nous pourrions même dire son délire, a causé un des désastres les plus étonnans dont l'histoire fasse mention. A la voix de Bonaparte, cent mille hommes ont volé à la mort, comme ils volaient, il y a quelques années, à la victoire. Ils ont péri sous le feu des batteries ennemies, avec cette héroïque résignation qui est pour la postérité la gloire des vaincus. L'élite de nos braves faisait entendre ce cri historique : *La garde meurt, elle ne se rend pas!* et, succombant sous le nombre, tombait sur le champ de bataille, fière d'arracher encore l'admiration de ses ennemis.

Aujourd'hui nous ne pouvons chercher de souvenirs glorieux que dans l'histoire ; ce n'est pas au milieu de la France envahie par les armées alliées, affaiblie par le sang qu'elle a versé, commençant à peine à respirer sous le règne d'un monarque qui ne veut que le bonheur de ses sujets, que nous pouvons rêver des batailles. Louis XVIII veut assurer le repos de la France, et concourir par ses vues paternelles au grand acte de la pacification de l'Europe. Que celui qui voudra se repaître l'imagination de victoires et de lauriers, ouvre nos annales; qu'il parcourre les pages de notre histoire, et il y trouvera un ample dédommagement aux défaites qui ont amené l'envahissement de la capitale par les armées européennes! Qu'il jette ses regards sur nos fastes militaires, depuis Charlemagne jusqu'à nos jours, et il s'honorera d'être Français! Il pourra oublier nos revers, pour ne songer qu'à notre gloire; il s'estimera heureux d'être né dans la même patrie que les Roland, les Duguesclin, les Clisson, les Bayard, les Condé, les Turenne, les Catinat, les Luxembourg, les Villars; d'avoir eu pour monarques les Philippe-Auguste, les saint Louis, les Louis XII, les François Ier, les Henri IV et les Louis XIV. Les lauriers cueillis à Roncevaux, à Tours, à Bovines, à Marignan, à Rocroy, à Seuef, à la Marsaille, à Nervinde, à Dénain, à Fontenoy, lui prouveront que la valeur est héréditaire chez les Français; et nos vainqueurs, au sein même de la capitale envahie, trouveront à chaque pas des souvenirs de nos victoires.

Il n'entrait pas dans notre plan de rappeler les beaux faits d'arme de nos armées, depuis l'origine de la monarchie; cette partie de notre histoire est assez connue : des mémoires nombreux, des ouvrages estimés en ont conservé le souvenir. Les guerres de la révolution manquent d'historiens; vingt-cinq ans de triomphes n'ont pu faire naître encore un Quinte-Curce, un Tite-Live, un Xénophon ou un Salluste; en attendant que le temps nous fournisse un historien, nous avons voulu rassembler quelques anecdotes qui rappellent des souvenirs récens, et qui pourtant semblent déjà effacés de la mémoire de nos contemporains. Les noms même de nos plus fameux généraux semblent avoir été oubliés depuis le 18 juin dernier : notre intention a été d'en consacrer le souvenir, en rappelant leurs actions ; tous les genres de valeur ont trouvé place dans notre recueil, et les héros de Marengo, d'Austerlitz, d'Jéna, de Friedland et de la Vendée sont inscrits dans ces tablettes de la bravoure française : nous avons imité le noble exemple de notre souverain, qui fait siéger dans la même enceinte, Oudinot et Montmorency, le fils du maréchal Lannes, et celui de la Roche-Jaquelin, comme une preuve que tous les genres de valeur sont du domaine de la gloire française.

On trouve dans le volume que nous publions, un choix de traits de bravoure, de faits d'armes, de notices historiques, de saillies piquantes, de réparties ingénieuses qui nous ont été fournis par les campagnes de la révolution. N'ayant pas eu la prétention de faire une histoire, nous nous sommes interdits toute espèce d'ordre chronologique, afin de détruire la monotonie du sujet. Nous avons remédié à l'inconvénient que pouvait offrir un pareil plan, en terminant notre ouvrage par une table exacte et détaillée de toutes les batailles fameuses depuis 1792, jusque en 1815. Si notre travail n'est pas considéré comme un monument historique, nous espérons au moins qu'on nous saura gré des sentimens qui nous l'ont fait entreprendre.

LES

ARMÉES FRANÇAISES.

AVANT d'entrer dans la ville de Sinigaglia, en Italie, nos troupes ne parlaient que de la mettre à feu et à sang; mais quand elles virent ses places solitaires, ses édifices saccagés, le feu consumant le reste de ses toits; quand cette population, naguère si opulente et de son industrie maritime, et de son marché annuel, s'offrit avec les haillons de la misère devant elles; quand ses magistrats abattus, ses puis sans détrompés, se jetèrent aux pieds du général Monnier en implorant miséricorde, une compassion céleste amollit le cœur des guerriers ; ils laissèrent tomber leurs armes. Ces infortunés étaient affaiblis par la faim ; le soldat partagea ses distributions ; ils étaient nus, les sacs du soldat furent ouverts ; ils craignaient la mort ; la consolation leur vint du soldat ; on donnait en français, on remerciait en italien ; mais on s'entendit.

La guerre d'Espagne fut souillée par des brigandages et des actes de férocité, qu'on n'avait guère vus dans celles de nation à nation. Un général espagnol (c'était avant le décret de guerre à mort) donna l'ordre de brûler vifs deux de nos miliciens, parce qu'un de ses soldats tué eut son habit brûlé par le coup de feu qui l'avait atteint. Des régimens espagnols, pendant leur retraite, mirent en avant des prisonniers français et les femmes qu'ils avaient enlevées. Le premier exemple d'incendie fut donné par les Espagnols, au village de Tressère. Si quelques Français devinrent barbares, par droit de représailles, des Espagnols leur donnèrent le spectacle horrible d'un cadavre à la broche. « C'est une calomnie insigne, dit Dugommier dans sa correspondance avec le général espagnol, d'avoir dit que nous traînions nos prisonniers à la suite de notre armée, comme un premier rempart contre le feu de votre artillerie; il a toujours suffi de nos baïonnettes pour couvrir une retraite. »

L'HISTOIRE a toujours marqué l'humanité dans un grand général, comme le plus beau trait de son caractère. Le maréchal de Saxe parut plongé dans une tristesse profonde, la veille de la bataille de Raucoux, en songeant à tout le sang qui allait couler. Ces regrets d'un général qui, dans le silence de la nuit, s'attriste en pensant aux massacres du lendemain, prouvent un grand fonds d'humanité. Il ménagea toujours, autant qu'il put, le sang des soldats. Ils rappellent cette belle réponse de Moreau. Un jour, un officier-général lui montrant un poste qui pouvait être utile : « Il ne vous en coûtera pas, dit-il, plus de douze grenadiers. — Passe encore, dit-il, si c'était douze généraux. »

Après la prise du comté de Nice, les Barbets, espions de nos ennemis, surprirent plusieurs de nos ordonnances, et les égorgèrent. Deux de ces assassins, faits prisonniers, sont amenés chez le général français. A l'instant, un attroupement séditieux entoure sa maison ; le peuple fait entendre des cris menaçans. Le général d'Anselme se présente ; un boucher, armé de son coutelas, s'avance, les yeux étincelans, et d'une voix féroce demande qu'ils périssent. « Tu veux du sang ! lui dit le général ; tu es cruel ! eh bien ! je te fais le bourreau de l'armée. » Ces paroles sont un coup de foudre. Le brigand pâlit, chancelle, et se dérobe dans la foule. Tout se dissipe, et les prisonniers passent devant le peuple sans être insultés.

A la bataille de Honscote, le sixième régiment de cavalerie était rangé en bataille derrière les lignes d'infanterie. On demande des cavaliers de bonne volonté pour porter des cartouches à nos bataillons qui s'avançaient sur les redoutes. Mandement s'offre le premier, se porte au galop vers nos bataillons, et leur dit : « Camarades, avez-vous besoin de cartouches? — Non, camarade, nous tirons sur l'ennemi à l'arme blanche. »

Au siége de Lille, un grenadier français voit son officier renversé ; il court et lui tend la main. A l'instant même une balle perce le poignet du grenadier, et lui casse le bras. Il présente l'autre main ; elle est emportée. Sans proférer une plainte, il avance le bras, et relève l'officier.

Un détachement de l'armée du général Marceau, surpris par l'armée vendéenne, se disperse ou succombe. Bientôt un chef de Vendéens découvre un soldat blessé, attendant une mort douloureuse et lente; il arrive, il le contemple « Que fais-tu là! dit le Vendéen au soldat, d'une voix terrible. — J'apprends à mourir, » répondit-il avec fierté. — « Rends tes armes, » replique le Vendéen. Le soldat se frappe, et dit : « Dépouille-m'en, je ne te les rends pas. »

Blanc, caporal au 69e régiment de ligne, au passage du Mincio, s'élança seul sur une pièce de canon, dont le feu, vigoureusement servi, incommodait les Français. Il combattit les six canonniers autrichiens qui la servaient, en mit quatre en fuite, fit les deux autres prisonniers, et s'empara de la pièce. Ce brave fut fait membre de la légion d'honneur le 14 brumaire an 12.

Le lendemain d'un combat où nous fûmes vaincus, des soldats autrichiens trouvent deux Français sur le champ de bataille ; l'un avait la jambe emportée, et l'autre les yeux crevés. L'ennemi les enlève et plaint leur sort. « Nous sommes plutôt dignes d'envie, disait le premier ; je n'ai pas eu la lâcheté de fuir. — Et moi, ajoute l'autre, je n'ai pas vu notre défaite. »

Charles Legris, âgé de vingt-trois ans, soldat au 105e régiment d'infanterie, reçoit, en montant aux redoutes de Keffendorf, près d'Hagueneau, un boulet qui lui casse la jambe. Après avoir souffert l'amputation avec un courage héroïque, il demande sa jambe : « O ma patrie ! s'écrie-t-il, reçois ce sacrifice ! »

Le général Dufour venait d'emporter les redoutes de Pelingen, près de Trèves. Les Autrichiens, dont la cavalerie était quatre fois plus nombreuse que celle du général français, s'avancent sur son infanterie, qui n'occupait pas encore les retranchemens conquis. Il fallait prévenir l'impétuosité du choc des escadrons ennemis, ou se résoudre à en être écrasés. Le général Dufour ordonne à Louis Niou, capitaine au 19e régiment de chasseurs, de charger avec sa troupe légère la masse presque impénétrable de la cavalerie autrichienne. Ce jeune homme, âgé de dix-neuf ans, regarde son général avec des yeux où brillent l'audace, le mépris des dangers et la certitude de la victoire. Il lui dit : Où m'envoies-tu? — A la mort, mais à la gloire; marche, » répond le général. L'impétueux Niou vole au combat, et sauve l'armée.

Une femme émigrée s'était retirée avec son enfant à Augsbourg : elle croyait que jamais les Français ne viendraient l'y trouver. A leur approche imprévue, cette mère effrayée ne songe qu'à sauver son enfant ; elle le prend dans ses bras ; c'est là seule richesse qu'elle emporte. Dans son désordre, elle se trompe de porte ; et, au lieu de se rendre au camp des Autrichiens, elle tombe dans les avant-postes de l'armée française. En reconnaissant son erreur, elle s'évanouit. Les soins et l'humanité des soldats français ne purent parvenir à la rassurer. Le général Lecourbe, fortement ému, ordonne qu'on lui donne une sauve-garde, et qu'on la reconduise dans la ville où elle voulait se retirer. Malheureusement son enfant fut oublié, et cette mère infortunée, dans l'égarement où elle était plongée, ne s'en aperçut pas. Un grenadier le recueillit; il s'informa du lieu où l'on avait conduit la mère. Ne pouvant de suite lui porter ce dépôt précieux, il fit faire un sac de cuir, dans lequel il portait toujours l'enfant devant lui. On l'en plaisanta; il se battit, et n'abandonna pas l'enfant. Toutes les fois qu'il fallait combattre l'ennemi, il faisait un trou en terre, y déposait l'enfant, et après la bataille venait le reprendre. Enfin on conclut un armistice; le grenadier fit une collecte parmi ses camarades; elle rapporta vingt-cinq louis. Il les mit dans la poche de l'enfant, et alla le rendre à sa mère. La joie pensa lui coûter la vie, comme la frayeur avait failli la lui ravir. Elle se ranima enfin pour combler de bénédictions le sauveur de son enfant.

A la fameuse affaire de *Baylen*, en 1808, au commencement de la guerre d'Espagne, le lieutenant Moisy, étant à la tête de sa compagnie, reçut trois coups de feu presque en même temps. Comme il perdait beaucoup de sang, un de ses soldats l'invita à se retirer, en lui disant qu'ayant reçu trois balles, il devait être épuisé. *Moisy* lui répondit : *Trois balles ne sont rien ; un soldat français ne commence à compter qu'à la douzaine.*

Au combat de Rulshem, un tambour, âgé de treize ans, battait la générale ; un hulan lui abat le poignet : l'enfant le regarde, et bat de l'autre main.

A la déplorable journée du 10 d'août, un trompette de la gendarmerie, âgé de onze ans, voulut suivre son père, et eut deux chevaux tués sous lui : « Allons, dit-il avec sang-froid, il n'y a pas moyen de finir à cheval ; il faut que je sonne la trompette à pied.... »

A la glorieuse affaire d'*Arlon*, M. Bouvert, lieutenant au régiment de Bourgogne - Cavalerie, à la tête de quatre cents cavaliers charge trois fois un bataillon de quinze mille ennemis, et les taille en pièces ; il reçoit à la tête et sur les bras vingt-six blessures. C'est à lui que Vergniaux, président de la Convention nationale, écrivait en lui parlant de ses blessures : *La patrie les a comptées.*

MONSIEUR *Henri de la Roche-Jacquelin*, qui n'avait que dix-huit ans quand il combattit dans la Vendée, fit un jour de bataille la harangue suivante à des paysans qui l'avaient choisi pour les commander : *Mes amis, si mon père était ici, vous auriez confiance en lui ; pour moi, je ne suis qu'un enfant ; mais par mon courage je me montrerai digne de vous commander : si j'avance, suivez-moi ; si je recule, tuez-moi ; si je meurs, vengez-moi :* on lui répondit par une victoire.

Pascal, au moment où un boulet lui emporte le bras, se remet dans les rangs ; ses camarades témoignent leur étonnement. « Notre capitaine, répond Pascal, ne vient-il pas de dire : *A vos rangs, grenadiers !* Eh bien ! j'y suis ; il me reste encore un bras. »

Frix, grenadier du Gers, atteint

d'une balle à la cuisse, au camp de Serre, brûle vingt cartouches et soutient le choc de la cavalerie ennemie. Rendu à l'hôpital, il arrache la balle avec son tire-bourre, et ne guérit qu'après avoir perdu un os. Trois mois après, il reçoit, près d'Andaye, une balle à la tête, brûle deux cents cartouches, et tue six Catalans à l'arme blanche. Dans un combat où il fait feu au premier rang, un boulet de canon tombe à ses pieds et le couvre de terre, tandis qu'un autre boulet lui emporte la moitié de sa giberne : au même instant une balle empoisonnée lui crève un œil. Transporté à l'hôpital, il tombe dans un état de faiblesse qui fait croire qu'il est mort. Le médecin ordonne qu'on l'enterre. Le soldat se réveille et lui crie avec fureur : « Malheureux ! tu veux donc m'enterrer tout vivant ! J'ai encore du sang à verser pour ma patrie. » Frix guérit de la gangrène : on le force à recevoir son congé ; il le déchire, et monte le lendemain à l'assaut d'une citadelle.

Un jeune officier français, d'Abbeville, nommé Traule, a une main emportée d'un boulet, et reçoit un coup de sabre qui le prive de l'usage de l'autre. Prisonnier des Autrichiens, il dicte cette lettre qu'il adresse à sa mère : « J'ai une main qui ne peut plus me servir ; je ne vous parle point de l'autre, elle est restée sur le champ de bataille. A ce malheur près, je me porte assez bien. Aimez toujours votre fils, qui ne peut signer ni combattre. »

Michaud, canonnier du département de l'Yonne, est blessé à mort : son frère, qui sert dans la même compagnie, vole à son secours.

« Laisse-moi, lui dit ce soldat; retourne à ta pièce. »

Les républicains venaient de perdre la sanglante bataille de Châtillon (11 octobre 1793) : en vain Westermann avait trois fois chargé l'ennemi dans la même ville de Châtillon : la valeur d'un petit nombre de troupes en désordre n'avait pu arrêter l'impétuosité des Vendéens. Westermann, repoussé jusque sous les murs de Bressuire, malgré des prodiges de bravoure, conçoit un projet hardi, et l'exécute. Aucun général ne l'égalait dans l'art d'imaginer une surprise et de se venger d'une défaite, en accablant, par un retour imprévu, son ennemi tranquille et rassuré par sa fuite. Si Westermann eût été moins cruel, je louerais plus sa valeur.

Il choisit quinze cents hommes de

cavalerie, et un nombre égal de fantassins qu'il fait monter en croupe : infatigable et terrible, il excite au combat ses soldats abattus ; jamais l'ardeur de réparer la perte d'une bataille ne l'avait tant animé : ses soldats, encore couverts de sang et de poussière, murmurent et obéissent.

Il se dirige, vers minuit, sur Châtillon ; arrivé aux premiers postes de l'ennemi, il répond : *Armée catholique et royale, revenant de la poursuite des brigands :* c'est le nom que les républicains et les Vendéens se donnaient et se rendaient tour-à-tour. Les avant-postes sont égorgés, et Westermann entre sans bruit dans Châtillon ; il disperse sa cavalerie autour de la ville pour atteindre ceux que le fer des fantassins aurait épargnés. Plus de trois mille ennemis furent passés au fil de l'épée ; trente-six pièces de canon furent reprises avec toute l'artillerie des Vendéens ; tout ce qu'on ne put emporter fut livré aux flammes, dont l'horrible clarté suivit au loin la retraite de Westermann. Il rentra à Bressuire au point du jour, en laissant parmi les Vendéens une consternation qui lui prépara de nouvelles et d'aussi funestes victoires.

C'EST à l'histoire qu'il appartient de faire sortir de l'oubli un des faits d'armes de Kléber, qui n'a été conservé jusqu'à présent que dans la mémoire de ses soldats. Les divisions qu'il commandait se présentèrent sur la rive gauche du Rhin pour passer ce fleuve où il a le plus de largeur et de rapidité : elles n'avaient ni bateaux ni argent. Kléber trouva de l'argent lorsque la république elle-même n'en avait pas. Les bateaux furent construits avec tant de rapidité, que *les forêts*, pour me servir du vers de Lucain, *semblaient descendre sur le fleuve.* Le passage s'exécuta avec tant d'ordre, qu'il n'interrompit pas le silence de la nuit. Kléber arrive à Eichelkaamp à la pointe du jour, fond sur les troupes qui gardent cette rive gauche du Rhin, et les poursuit sur la Sieg, dont il force le passage. Il se répand sur le territoire de l'empire germanique; et, par de savantes manœuvres sur le flanc droit de l'armée ennemie, il l'attire autour de lui, et l'oblige à laisser les bords du Rhin sans défense. Malgré une multitude d'actions brillantes, le moment où les forces ennemies devaient nous faire repasser le Rhin approchait. Kléber dit à Marceau : « A l'instant où tu jugeras que j'ai traversé le pont à Neuwied, fais mettre le feu à tous les bateaux qui sont sur le Rhin. » Marceau calcule mal les momens; les bateaux emportés par le courant du fleuve embrasent le pont, et l'armée se trouve pressée entre un fleuve étincelant de flamme et les Autrichiens qui la foudroyent. Marceau, ses pistolets sur le front, veut se punir d'une erreur si funeste ; Kléber seul, calme au milieu du tumulte, les arrache à la main égarée de ce guerrier. « Jeune homme, lui dit-il, allez vous faire casser la tête en défendant ce passage avec votre cavalerie; c'est ainsi qu'il vous est permis de mourir. » Il appelle le chef des pontonniers : « Combien de temps vous faut-il pour jeter un pont? — Vingt-quatre heures sont nécessaires. — Je vous en donne trente, et vous m'en répondez sur votre tête. » Il demande le silence aux troupes dont le désespoir fait retentir le rivage. « Soldats, s'écrie-t-il, les Autrichiens commencent enfin à être dignes de lutter contre vous. Faisons-leur voir que, lorsque nous sommes arrêtés par un fleuve, c'est sur eux que nous nous précipitons. » A ces mots ils s'animent et s'irritent; et, le sabre à la main, ils mettent un long espace entre les travaux du rivage et le champ de bataille. Kléber reprend alors sa retraite, et, le dernier de l'armée, il met le pied sur le pont dont il a prolongé la construction par des victoires.

MARCEAU avait été blessé par cette sévérité que Kléber portait dans les armées, et qu'il n'avait pas ailleurs. Marchant un jour à la tête de sa division, il s'en était séparé pour voir Kléber, qu'il ne connaissait encore que par sa grande réputation.

Kléber reçoit les hommages de Marceau d'un air froid, et lui demande où est la troupe qu'il commande : « Elle est à une lieue d'ici, lui répond ingénûment Marceau. — Eh bien! reprend Kléber, allez-vous remettre à sa tête; vous n'auriez pas dû vous en éloigner : nous aurons le temps de nous voir après avoir vu l'ennemi. »

Après avoir signé plusieurs traités avec les princes de l'empire, Desaix refusa les présens que l'usage semblait lui prescrire de recevoir. « Ce qui est permis aux autres, disait Desaix, ne l'est pas à un général. » Sa pauvreté lui attirait les louanges naïves du soldat. La caisse d'un prince de l'empire tomba au pouvoir des Français. Desaix, en l'envoyant au payeur de l'armée, animait du geste et de la voix les soldats qui l'élevaient avec effort sur la voiture. « Notre général, dirent-ils en la laissant retomber, c'est parce qu'elle sort de vos mains qu'elle est si lourde. » Un jour, des paysans, tremblans à l'approche de nos troupes, abandonnaient leurs chaumières : ils reconnurent Desaix. « Ah! s'écrient-ils, c'est lui! Il veillera sur notre hameau. » — « Je battrai les ennemis, disait-il, tant que je serai aimé de mes soldats ; » et il en était adoré. Un soldat, en sa présence, maltraitait un vieillard. Il courut à lui : Que fais-tu, malheureux? tu n'as donc pas de père? »

Le général Bonaparte, en donnant à Latour-d'Auvergne un sabre d'honneur, le nomma premier grenadier de France. Latour-d'Auvergne ne voulut point s'en parer avant de l'avoir éprouvé contre les ennemis. « Il n'est aucun des grenadiers que je commande, écrivait-il à un de ses amis, qui ne l'ait mérité. Allons, il faudra le montrer de près à l'ennemi. » Il fut tué d'un coup de lance au combat de Neubourg, en chargeant à la tête des grenadiers. Le général Moreau et tous les soldats le pleurèrent. Son corps, enveloppé de feuilles de chêne et de laurier, fut déposé au lieu où il avait reçu la mort. Un grenadier dit en le retournant : « Il faut le placer dans sa tombe comme il était vivant, faisant toujours face à l'ennemi. »

Un représentant du peuple vantait son crédit à Latour-d'Auvergne, et lui offrit sa protection. — « Vous êtes donc bien puissant ? lui dit ce brave, qui était dans le plus grand dénûment. — Sans doute. — Eh bien !

demandez pour moi...—Un régiment?
— Non, une paire de souliers. »

Des dragons, entraînés par l'esprit d'indiscipline qui gagnait tous les corps de l'armée, envoyèrent au général Dampierre une députation de cinq d'entre eux, pour demander qu'on leur distribuât tout l'argent qu'ils avaient à la masse, *attendu*, disaient-ils, *qu'allant faire la guerre, et pouvant être tués, chacun devait jouir de ce qui était à lui*. Cette demande fut rejetée comme elle devait l'être. Les cinq dragons laissent cette menace en partant : *Cela suffit*. Le régiment partait à peine de Mons pour combattre l'ennemi, que ces dragons font rompre les rangs, et crient en tumulte : *La masse*, ou *nous ne marchons pas*. Le moment était difficile ; tous les dragons, mêlés aux séditieux, favorisaient leur audace, sans leur laisser craindre d'être reconnus ; c'en était fait de la discipline, et peut-être de la vie de tous les officiers, sans la fermeté de Dampierre, qui fut plus grande que le péril. « Officiers et sous-officiers, cria-t-il d'une voix terrible, vous répondez sur vos têtes de l'ordre que je vais donner : Que les dragons mutinés suivent les soldats fidèles. » Tout le régiment obéit ; Dampierre fit faire halte à un quart de lieue. « Apprenez, dit-il aux dragons, que si je refuse tout à la révolte, je l'accorde à la soumission ; » et il fit donner à chaque soldat six francs sur la masse.

A l'attaque de Cambrai, en 1793, le général autrichien Boré, commandant l'armée combinée de l'empereur et des alliés, fit offrir une capitulation honorable au général Claye. Ce général lui répondit : « *Général, j'ai reçu votre sommation de ce jour, et je n'ai qu'une réponse à vous faire: Je ne sais pas me rendre, mais je sais bien me battre.* » Le général fit une sortie, et quelque temps après les coalisés, voyant qu'ils ne pourraient venir à bout de prendre Valenciennes, levèrent le siége.

A la prise d'Arlon, le 7 juin 1793, un carabinier français, dangereusement blessé, attendait des secours; près de lui se trouvait un Autrichien plus maltraité encore. Sa position excite la pitié du carabinier. Un chirurgien arrive : à la vue de cet homme bienfaisant, son cœur s'épanouit : *Accourez, mon ami*, lui dit-il, *il y a long-temps que je vous attendais*,

Le chirurgien se met en devoir d'examiner sa plaie : *Ce n'est pas à moi*, lui dit ce brave Français, *que vos premiers soins sont dus : en voici un autre blessé plus grièvement que moi, c'est un Autrichien !*

Dans la guerre d'Irlande, qui eut lieu de 1794 à 1798, le capitaine des grenadiers *Langerat*, ayant eu l'épaule cassée par un biscayen, et ne pouvant plus marcher, s'assied sur une pierre pour encourager ses soldats, et leur criait : *Amis ! ne faites pas attention à moi ; marchez à la vicroire, elle est devant vous ; je reste et je meurs content.*

Un grenadier ayant été frappé d'un coup mortel, dit à un de ses camarades : *Prends mes cartouches, et envoye-les aux Anglais* ; puis il s'écria en serrant son fusil dans ses bras : *Voilà comment doit mourir un grenadier français.*

Dans les champs d'Arlon, le 17 avril 1794, il y eut un grand combat entre les Français et les Autrichiens. *Claude Revien*, charretier d'artillerie, a la cuisse emportée par un boulet; son frère, servant la même pièce, vient l'embrasser : *Retire-toi*, lui dit-il; *retourne à ton poste : tu y es nécessaire; je suis trop heureux de mourir pour ma patrie : que chacun en fasse autant.*

Durand, soldat d'un régiment de ligne, était depuis huit jours dans un hôpital, retenu par une pleurésie. Le lit dans lequel Durand était couché, se trouvait contre une croisée, laquelle donnait sur une rivière. Au moment où le chirurgien-major sortait de le visiter, et de lui recommander de se tenir chaudement, vu l'état dans lequel il se trouvait, Durand aperçoit un jeune enfant que le courant entraînait; il oublie le danger qu'il court, ouvre la fenêtre, et se jette dans l'eau, parvient à sauver l'enfant; on le remonte dans l'hôpital, il se remet dans son lit : heureusement ce brave soldat ne fut pas victime de son dévoûment.

Après la bataille d'Arcole, qui dura deux jours, le général Bonaparte, toujours infatigable, dans la nuit qui suivit ce terrible combat parcourut son camp en uniforme de simple officier. Il aperçoit une sentinelle qui s'était endormie; il lui enlève son fusil, et fait la faction à sa place. Le soldat s'éveille enfin, et aperçoit son général remplissant son poste ; il s'écrie : « *Bonaparte! je suis un homme perdu ! — Rassure-toi, mon ami, répond le général ; après tant de fatigues il est bien permis à un brave comme toi de s'endormir ; mais une autre fois choisis mieux ton temps.* »

Le général Kléber, à la fameuse bataille d'*Altendorff* qui se donna contre les Autrichiens, le 6 août 1796, remporta de si grands avantages avec peu de troupes, que, pour faire l'éloge de ses soldats, il se contenta d'écrire au gouvernement : *Qu'avec de tels hommes un général se dispensait de compter ses ennemis.*

Le 17 mai 1799, la défense d'*Ancône* ayant été confiée au général

Monnier, il se montra digne de la confiance que le gouvernement lui avait accordée. Ce brave général se défendit avec un rare courage, et ne se rendit qu'entouré de brèches et de décombres, de pièces démontées et de poudre qu'il avait fait jeter dans les ruisseaux. Le major d'artillerie, étant venu après la capitulation pour constater l'état du fort et des magasins, et ne voyant autour de lui que décombres, pièces de canons démontées et enclouées, poudre avariée, s'écria en serrant la main du général Monnier : « *Général, vous avez conservé toute la gloire ; nos reçus ne sauraient y rien ajouter.* »

Au combat naval d'Algésiras, qui eut lieu les 4 et 9 juillet 1801, le contre-amiral Linois donnant des éloges au canonnier Cazehis, continuant de servir sa pièce après avoir vu six de ses camarades tomber à ses côtés, ce brave se contenta de lui répondre : *Fussé-je le dernier, mon général, je continuerai de combattre.* Le gouvernement consulaire fit donner à ce brave une *hache d'honneur* : c'était avec des armes d'honneur qu'à cette époque on récompensait les actions d'éclat.

DANS la guerre de la Vendée, M. Henri de la Roche-Jacquelin était chef des paroisses qui sont autour de Châtillon. Il avait un courage ardent et téméraire, qui le faisait surnommer l'*Intrépide.* Dans les combats il avait le coup-d'œil juste, et prenait des résolutions promptes et habiles. Il assurait beaucoup d'ardeur et de confiance aux soldats. On lui reprochait de s'exposer sans aucune nécessité, de se laisser emporter trop loin, d'aller faire le coup de sabre avec les ennemis. Dans les déroutes des républicains, il les poursuivait sans aucune prudence personnelle. On l'engageait aussi à s'occuper davantage des discussions des conseils de guerre. En effet, il les trouvait souvent oiseuses et inutiles; et, après avoir dit son avis, il lui arrivait souvent de s'endormir. Mais il répondait à tous ces reproches: « *Pourquoi veut-on que je sois un général? je ne veux être qu'un hussard, pour avoir le plaisir de me battre.* »

L'ARMÉE vendéenne n'était jamais assemblée plus de trois ou quatre jours. La bataille une fois gagnée ou perdue, l'expédition réussie ou manquée, rien ne pouvait retenir les paysans, ils retournaient dans leur pays ; les chefs restaient seuls avec quelques centaines d'hommes déserteurs et étrangers, qui n'avaient pas de famille à aller retrouver. Mais, dès qu'on voulait tenter une nouvelle entreprise, l'armée était bientôt reformée. On envoyait dans toutes les paroisses ; le tocsin était sonné, tous les paysans arrivaient. Alors on lisait une réquisition conçue en ces termes : « Au saint nom de Dieu, de par le roi, telle paroisse est invitée à envoyer le plus d'hommes possible, en tel lieu, tel jour, à telle heure : on apportera des vivres. » Le chef, dans le commandement duquel la paroisse était comprise, signait la réquisition ; elle était obéie avec empressement ; c'était à qui partirait parmi les paysans. Chaque soldat apportait du pain avec lui, et les généraux avaient soin aussi d'en faire une certaine provision. La viande était distribuée aux soldats ; le blé, les bœufs nécessaires pour les vivres étaient requis par les généraux, et on avait soin de faire supporter cette charge par les gentilshommes, les grands propriétaires et les terres d'émigrés ; mais il n'était pas toujours besoin de recourir à une réquisition, il y avait beaucoup d'empressement à fournir volontairement. Les villages se cotisaient pour envoyer des charrettes de pain sur le passage de l'armée. Les paysans disaient leur chapelet à genoux, se tenaient sur la route, et offraient des vivres aux soldats. Les gens riches donnaient autant qu'il leur était possible ; comme d'ailleurs les rassemblemens duraient peu, on n'a jamais manqué de vivres.

A la prise de la *Châtaigneraie*, les

soldats de M. de Lescure, qui commandait l'aile gauche, hésitaient beaucoup à le suivre ; il s'avança seul à trente pas devant les bleus, s'arrêta et cria : *Vive le Roi!* Une batterie de six pièces fit sur lui un feu de mitraille. Ses habits furent percés, son éperon gauche emporté, sa botte droite déchirée; mais il ne fut pas blessé. « Vous le voyez, mes amis, leur cria-t-il sur-le-champ, les bleus ne savent pas tirer. » Les paysans se décidèrent ; ils prirent leur course. M. de Lescure, pour rester à leur tête, fut obligé de mettre son cheval au grand trot. Dans ce moment, ils aperçurent une grande croix de mission ; aussitôt ils se jetèrent tous à genoux, quoiqu'à la portée du canon. M. Beaugé voulut les faire marcher. « Laissez-les prier Dieu, » lui dit tranquillement M. de Lescure. Ils se relevèrent et se mirent à fondre sur l'ennemi avec une intrépidité inconcevable.

Un Vendéen, nommé *Forêt*, voulait absolument reprendre *Marie-Jeanne*(1). Il se trouva sur la route qui mène à Niort. *Forêt* rencontra la pièce à une lieue de la ville. Les bleus attachaient autant d'importance à la conserver que les Vendéens à la reprendre. *Forêt* s'avança si imprudemment qu'il se trouva au milieu des Républicains; heureusement il était monté sur un cheval qu'il avait pris quelques jours auparavant à un gendarme, et il avait conservé la selle et l'équipage. Ils le prirent pour un des leurs, et lui dirent:

(1) Nom donné à une pièce de canon, fameuse chez les Vendéens, et à la conservation de laquelle ils attachaient des idées superstitieuses.

« Camarade, il y a 25,000 francs pour ceux qui sauveront *Marie-Jeanne*; elle est engagée, allons la défendre. » *Forét* fait le brave, dit qu'il veut être le premier. Quand il est à la tète de la bande, et qu'il est arrivé près de la pièce, il se retourne, tüe les deux gendarmes qui étaient auprès de lui; les paysans qui s'étaient avancés le reconnaissent, redoublent d'efforts; et, après un combat qui coûta quelques hommes, *Marie-Jeanne* fut reprise et ramenée en grand triomphe.

M. de Lescure sut que le général Quétineau avait été trouvé dans le château de Saumur, où il avait été enfermé pour être jugé après l'affaire de Thouars. Il l'envoya chercher. « Eh! bien, Quétineau, lui dit-il, vous voyez comme vous traitent les Républicains. Vous voici accusé,

traîné dans les prisons; vous périrez sur l'échafaud; venez avec nous pour vous sauver. Nous vous estimons malgré la différence d'opinions, et nous vous rendons plus de justice que vos patriotes. — Monsieur, répondit Quétineau, si j'étaisen liberté, je reviendrais me consigner en prison; je me suis conduit en brave homme; je veux être jugé: si je m'enfuyais, on dirait que je suis un traître, et je ne puis supporter cette idée; d'ailleurs, en vous suivant j'abandonnerais ma femme, et on la ferait périr. Tenez, monsieur, voici mon mémoire justificatif: vous savez la vérité, voyez si je ne l'ai pas dite. »
M. de Lescure prit le mémoire, qui en effet était assez sincère. Quétineau ajouta avec un air de tristesse: « Monsieur, voilà donc les Autrichiens maîtres de la Flandre; vous êtes aussi

victorieux, la contre-révolution va se faire ; la France sera démembrée par les étrangers. » M. de Lescure lui dit que jamais les royalistes ne souffriraient une telle chose, qu'ils se battraient pour défendre le territoire français. « Eh ! bien, monsieur, s'écria Quétineau, c'est alors que je veux servir avec vous. J'aime la gloire de ma patrie ; voilà comme je suis patriote. » Il entendit dans ce moment les habitans de Saumur qui répétaient à tue-tête : *Vive le Roi!* Il s'avança vers la fenêtre, et l'ouvrant, il leur dit : « Coquins, qui l'autre jour m'accusiez d'avoir trahi la république, aujourd'hui vous criez par peur *vive le Roi!* Je prends à témoins les Vendéens que je ne l'ai jamais crié. » Le brave homme s'en alla à Tours. On le conduisit à Paris ; il fut jugé, condamné à mort, et exécuté.

Sa femme, qui était en partie cause de la résistance qu'il avait mise aux conseils de M. de Lescure, ne voulut pas lui survivre. Elle cria *vive le Roi!* à l'audience du tribunal révolutionnaire, et périt aussi sur l'échafaud.

Le petit *chevalier de Mondyon* fit une action d'éclat remarquable : dans une affaire assez importante il se trouvait auprès d'un grand officier qui, moins brave que lui, voulut se retirer en disant qu'il était blessé : « Je ne vois pas cela, lui dit l'enfant ; et comme votre retraite découragerait nos gens, si vous faites mine de fuir, je vous brûle la cervelle. » Comme il était fort capable de le faire, l'officier resta à son poste.

Le général Kléber, qui commandait à Maxence, parvint par son sang-froid et son habileté, à rétablir un peu l'ordre dans son armée, et à prévenir une déroute complète. Cependant, malgré le courage des officiers républicains et la constance de leurs soldats, ils auraient peut-être fini par être détruits; mais le général Kléber, voyant qu'au bout d'une retraite d'une lieue, les Vendéens commençaient encore à jeter le désordre dans sa troupe, plaça deux pièces de canon sur le pont de Boussay, et dit à un lieutenant-colonel: « Faites-vous tuer là avec votre bataillon. — Oui, mon général, » répondit ce brave homme; et en effet il y périt. Pendant ce temps-là Kléber avait rallié les Maxençais, et s'était mis en mesure d'arrêter les Vendéens, qui n'allèrent pas plus loin.

Au siége de Landau, en 1793, le

29 octobre, l'arsenal de cette ville fut incendié, et plus de vingt-cinq mille bombes furent lancées dedans. Comme un particulier travaillait à éteindre l'incendie de l'arsenal, on vint lui dire que le feu avait été mis à sa maison par une bombe. « Ma maison, dit cet homme, en continuant de travailler, n'est qu'une propriété particulière; je me dois tout entier à la patrie; je ne quitterai point mon poste. » Les traits de courage se multiplièrent dans ces belles journées. On voulait distribuer le pain aux soldats qui tombaient de besoin et de lassitude. Ces braves répondirent : « Dussions-nous mourir en route, nous ne mangerons que quand nous serons arrivés à Landau. »

Lorsqu'il parut que la guerre allait s'allumer entre la France et l'Allemagne (1791), les officiers, sous-officiers, grenadiers et soldats vétérans du régiment d'Auvergne, retirés dans leur pays, prièrent l'Assemblée Nationale qu'il leur fût permis de servir jusqu'à la fin de leurs jours : « Voulant, disaient ces respectables vieillards, au bout de notre carrière laisser à nos enfans un exemple de l'inviolable fidélité qu'ils doivent à la nation, à la loi et au Roi, nous nous adressons à vous, nosseigneurs, pour vous prier d'obtenir du Roi la permission de venir nous ranger parmi nos élèves, parmi ceux qui ont soutenu avec courage les drapeaux de ce régiment, si justement surnommé, *Auvergne sans tache.* »

Le baron Félix de Wimpfen commandait dans Thionville, lorsque cette place fut assiégée (1792) par une armée prussienne de 40,000 hommes, forcés de se retirer au bout de cinquante-trois jours de la plus vigoureuse résistance. Le caractère de gaieté des Français ne se démentit pas au milieu des horreurs de ce siége. Les femmes les plus délicates se livraient avec joie aux travaux pénibles qu'il exigeait; elles portaient des secours avec intrépidité aux endroits les plus exposés, et elles dansaient autour des bombes qui tombaient dans la ville. Les canonniers avaient déposé une somme d'où l'on tirait les récompenses pour ceux qui tiraient le plus juste. Celui qui démontait une pièce de l'ennemi, était embrassé, couronné de laurier, aux cris de *vive la nation !* les maladroits, au contraire, payaient une amende. L'assiégeant pouvait voir de ses retranchemens cette gaieté et cet esprit vraiment national qui se faisait un jeu de l'art le plus terrible.

Un des soldats que commandait le général Grouchy, dans la Vendée, mortellement blessé d'une balle à la gorge, la retire de sa plaie sanglante, en charge son fusil, et étend mort un Vendéen, en s'écriant : « Je ne veux rien avoir aux ennemis de la république. » (1)

Un grenadier nommé Pie, mortellement blessé, dit à son officier : « Vous voyez que je meurs à côté de mon fusil ; je n'éprouve que le regret de ne pouvoir plus le porter. »

---

(1) Un sergent de grenadiers, nommé David, se tira aussi du sein une balle avec son couteau, en chargea son fusil, et la renvoya aux ennemis.

Pge. 49.

Je meurs, mais ils fuient ..

Un simple volontaire, né à Valence, nommé Martin Vinay, en combattant dans la Vendée, reçoit une blessure considérable à la jambe, et se voit menacé d'être fait prisonnier. Il recueille les dernières forces qui lui restent, et s'écrie : « L'ennemi du moins ne m'aura pas vivant. » En achevant ces mots, il tire son sabre, et l'enfonce dans sa poitrine.

Jacques Palacio, sergent au premier bataillon d'un régiment de chasseurs, marchait en colonne avec sa compagnie ; au moment où les ennemis prenaient la fuite, il est blessé mortellement d'un coup de feu ; il tombe, et prononce ces paroles sublimes : « Je meurs, mais ils fuient. »

Lors du siége de *Thionville* en septembre 1792, l'ennemi, voyant que les attaques devenaient inutiles, tenta d'employer la séduction ; on écrivit au commandant français que, s'il voulait livrer la ville, on lui donnerait un million. Le commandant français répondit : « J'accepte le million, si l'on consent à passer l'acte de donation devant notaire. »

Le général Vincent, chargé de s'emparer du fort de Reinfeld, à la tête d'un détachement de l'armée de la Moselle, en fit la reconnaissance par un moyen qui atteste sa bravoure. Il n'avait pas la vue trop bonne. Voulant s'approcher d'assez près pour connaître par lui-même les endroits qu'on pourrait attaquer, il se dépouille de l'uniforme de général, prend celui de simple soldat, et feint d'être en sentinelle perdue, avec un fusil de munition au bras : l'ennemi tire plusieurs coups de carabine sur lui ; rien n'arrête ses observations. Après avoir froidement tout examiné, il profite de la nuit pour faire élever tous les ouvrages nécessaires à l'attaque de cette place : son artillerie de position est amenée devant la citadelle, contre laquelle avait aussi marché le général Debrun. Les moyens développés par le général Vincent paraissaient si décisifs à l'ennemi, que les troupes qui composaient la garnison du fort, se précipitent sur la rive droite du Rhin, et laissent la place au pouvoir des Français, avec trente-neuf bouches à feu, dont la plus grande partie en bronze et de gros calibre.

Lors d'une attaque vigoureuse qui fut faite à la ville de Menin, le 5 nivose an trois (25 décembre 1796), un soldat français, Pierre Durand, se précipite dans le corps-de garde d'un poste avancé, au milieu duquel étaient quinze fusils en faisceaux; il les renverse d'un coup de pied, se place de manière à empêcher les Autrichiens de s'en saisir; et, leur présentant sa baïonnette, il leur crie d'une voix terrible : « Mes camarades me suivent; rendez-vous, ou vous êtes morts. » Ces quinze Autrichiens, épouvantés d'une telle audace, ne doutant pas qu'un grand nombre d'ennemis allaient venir fondre sur eux, se rendent prisonniers à un seul Français.

M. Haudaudine, négociant à Nantes, fait prisonnier en combattant à la malheureuse affaire de Légé (petit canton dans la Vendée), fut renvoyé à Nantes avec deux autres citoyens pris comme lui les armes à la main, sur la promesse solennelle qu'ils avaient faite de revenir reprendre leurs fers, s'ils ne pouvaient réussir dans la mission dont ils étaient chargés : il s'agissait de négocier un échange respectif; la vie de six cents prisonniers français devait répondre de leur retour, fixé à trois jours. Les propositions faites au nom des insurgés furent rejetées d'une commune voix, et l'on menaça les députés de les traiter en émigrés s'ils retournaient au camp ennemi. Deux d'entre eux se laissèrent intimider ou séduire, et promirent de rester à Nantes. Haudaudine, ne connaissant que le devoir de remplir sa parole, s'écria avec chaleur : « Vous pouvez disposer de mes biens, de ma vie, mais jamais de mon honneur. J'ai donné ma parole d'aller retrouver les rebelles; la vie de six cents de mes concitoyens dépend de la promesse que j'ai faite : rien ne m'arrête , je pars. » Il s'éloigne à ces mots , tel qu'un nouveau Régulus, refusant d'entendre les instances, les prières de sa famille , fermant son cœur au cri de la nature, aux pleurs que faisait répandre le danger qu'il allait courir. Les corps administratifs de Nantes , étonnés, et admirant cette fermeté héroïque , expédièrent un courrier à la Convention Nationale pour lui demander le parti qu'ils devaient prendre dans cette circonstance extraordinaire. La réponse fut de justes éloges pour l'action de cet homme estimable, qui se dévouait pour conserver le sang des Français. Haudaudine fut accueilli par les rebelles avec une sorte de respect ; ils se contentèrent de le retenir prisonnier, et eurent pour lui beaucoup d'égards. Les deux autres prisonniers, qui restèrent à Nantes, furent généralement couverts de honte, et méprisés de leurs amis et même de leurs parens.

GUICHARD, caporal des grenadiers dans la 110e demi-brigade, se fit remarquer au siége de Philisbourg. Ayant aperçu une compagnie autrichienne, à la tête de laquelle était le capitaine qui la commandait, il fonce sur cette compagnie, saisit le capitaine au collet, et le fait son prisonnier. Cette compagnie veut délivrer son officier, et met en joue l'audacieux Français. Guichard voit le danger qui le menace; son poignet vigoureux ne lâche point le capitaine; mais il le place devant lui, s'en couvre tout entier, effectue sa retraite à reculons, et à l'abri de ce singulier bouclier échappe à la décharge de la compagnie, qui n'ose tirer, dans la crainte de tuer son capitaine, que l'adroit et courageux Guichard conduit au camp français.

VINGT-DEUX marins Français, prisonniers à bord d'un ponton, dans la rade de Gibraltar, choisissent deux des plus braves, qui se jettent à la nage, et vont enlever une chaloupe attachée à un bâtiment ennemi; les vingt-deux matelots s'y placent et s'échappent pendant la nuit : ils n'ont pour armes que des bâtons. Ils rencontrent un vaisseau nommé *le Temple*, l'attaquent, le prennent à l'abordage, tuent tout ce qui résiste, et enchaînent le reste de l'équipage. Ils passent sans être vus à côté d'un vaisseau de guerre anglais, et de deux frégates portugaises; ils arrivent au port de l'Orient, et vendent cinq cent mille francs la cargaison de l'ennemi, enlevée d'une manière si extraordinaire.

Westermann, général d'une valeur féroce, et dont le cœur était aussi barbare que guerrier, naquit en Alsace, l'an 1763. La Vendée n'oubliera jamais les cruautés qu'il a commises. Trop craint pour être aimé des chefs de la révolution, qui se détruisaient tour-à-tour, il fut proscrit et condamné à mórt par la faction de Robespierre. Monté sur l'échafaud, son œil aussi calme qu'un jour de bataille, reconnut, dans la foule des spectateurs, des grenadiers sous l'uniforme de sa légion, qui avaient cédé à la faiblesse barbare de contempler la fin tragique d'un général dont la réputation fut si éclatante. « Mes amis, leur dit Westermann, quand vous retournerez à l'armée, dites-lui comment le tyran récompense les défenseurs de la patrie. » Le bourreau, le saisissant, lui dit : « Tais-toi, et courbe ta tête avec courage. » Westermann se retourne, et répond : « Frappe de même. »

Le brave et vertueux Dampierre, général en chef, était né à Paris, en 1756, d'une famille noble. Il commença sa carrière militaire par être officier dans les gardes-françaises. La cour refusa de le laisser passer en Amérique, au service des Etats-Unis. Il en fut vivement affecté. A chaque victoire des Américains et des officiers Français, il s'écriait en versant des larmes : « Ah ! malheureux, je n'y étais pas ! »

A l'affaire de *Trébia*, en Italie, *Brésillon*, sergent-major au 30e régiment d'infanterie de ligne, se trouva cerné par cinq grenadiers russes qui lui coupaient la retraite qu'on venait de lui donner ordre de faire. En présence de ses camarades, que leur position empêchait de lui porter du secours, il fit le coup de feu, pendant plus de quinze minutes, contre ses cinq adversaires; enfin il réussit à en tuer deux, et tomba sur les trois autres, qu'il fit prisonniers et ramena à son régiment. Mais l'instant d'après, il aperçoit un de ses officiers dangereusement engagé, et dont la perte était inévitable; il vole à son secours, fond sur les ennemis qui pressaient cet officier, et parvient à le débarrasser : mais bientôt enveloppé lui-même, accablé par le nombre, atteint par sept coups de lance et trois coups de sabre, épuisé par la fatigue et baigné dans son sang, ce brave militaire fut contraint de céder à la force, à l'injustice de sa fortune, et fut fait prisonnier de guerre.

Dampierre, que depuis plusieurs années illustraient des faits de bravoure et d'habileté, accourait à l'avant-garde de l'armée, auprès de Saint-Amand, par le chemin du bois de l'abbaye de Vicoigne, lorsqu'il eut la cuisse emportée d'un boulet parti d'une batterie autrichienne. L'armée entière laissa le camp désert pour jeter un dernier regard sur son général mourant. On fut obligé de consigner les soldats sous leurs tentes. L'ennemi sembla respecter le deuil de cette armée. Tout le temps qu'elle rendit les honneurs funèbres à son général, les Autrichiens laissèrent reposer leurs armes; et, lorsqu'ils s'emparèrent du camp français, ils mirent des gardes près du monument que de pauvres soldats lui avaient élevé.

M. Lacombe de Saint-Michel, né le 5 mars 1753 dans un château près d'Albi, qui appartenait à sa famille, fut membre de la Convention Nationale, où il se distingua par sa douceur et ses vertus. A vingt-sept ans il avait été capitaine dans le corps d'artillerie. Nommé membre du comité militaire, il fit créer l'artillerie à cheval, au nombre de neuf compagnies, sur le modèle de celle que le grand Frédéric avait formée pendant la guerre qu'il eut à soutenir en 1778. On sait combien l'artillerie volante a contribué aux victoires des Français.

En 1793, de Lacombe-Saint-Michel partit pour la Corse, avec la double autorité de commandant en chef et d'administrateur-général. Les Anglais portèrent toutes leurs forces dans cette île, après qu'ils eurent été chassés de Toulon. Douze mille Anglais débarquèrent vers le golfe de Saint-Florent. Le général Saint-Michel, qui n'avait que douze cents hommes, disputa le terrain pied à pied; mais enfin, accablé par le nombre, il se retire à Saint-Florent, et resserre sa ligne de défense. Les Anglais prirent ce mouvement pour un signe de faiblesse. Il est vrai que, s'ils eussent montré plus d'audace et d'impétuosité, la position du général Saint-Michel devenait très-critique. Une ruse suspendit le péril qui le menaçait. Il fait venir le capitaine d'un vaisseau ragusain, prêt à quitter Bastia bloqué par les Anglais. Il lui propose de se charger d'une lettre pour le consul français à Gênes, lui compte une somme, et lui en promet une plus considérable, s'il a le bonheur de réussir. Le capitaine l'assure qu'il la cachera si bien, qu'elle échappera à toutes les recherches. Le général feint de le croire, et lui remet la lettre avec beaucoup de mystère. Il mandait au consul français qu'il avait reçu un échec à Saint-Florent; qu'il abandonnait le camp de Tichimé à dessein de tendre un piége aux Anglais; que, s'ils y tombaient, il répondait sur sa tête qu'il ne se rembarquerait pas un seul homme. Ce stratagème eut tout l'effet que le général s'était promis. Les Anglais prirent la lettre, et passèrent six semaines sans oser attaquer. Dans cet intervalle, Lacombe de Saint-Michel eut temps de se fortifier.

Dugommier, général en chef de l'armée des Pyrénées-Orientales, monté sur un tertre pour mieux voir l'exécution de son plan, lors de la bataille du 27 brumaire an 3 (18 novembre 1794), fut tué d'un éclat d'obus au milieu de ses aides-de-camp, à l'instant qu'il se félicitait de voir les Espagnols mis en fuite. Avant d'expirer, il dit à ses principaux officiers qui l'entouraient : « Faites en sorte de cacher ma mort à nos soldats, afin qu'ils achèvent de remporter la victoire, consolation de mes derniers momens. »

La révolution a eu ses massacres, ses horreurs, comme toutes les guerres civiles. Le gouvernement d'alors voulut même les faire passer de l'intérieur de la France au delà de ses frontières, où combattaient de nombreuses armées. Il rendit le décret sanguinaire et absurde qui ordonnait de passer au fil de l'épée tous les Anglais qu'on ferait prisonniers : cette loi de mort, si opposée à la générosité française, révolta tous nos guerriers. Un sergent amena au général Pichegru quelques prisonniers anglais : « Sans doute, la Convention, lui dit-il, n'a pas entendu que les soldats français fissent le métier de bourreaux ; ceux qui ont soif du sang de nos ennemis n'ont qu'à venir les tuer eux-mêmes. » (1)

Lorsque le général Pichegru poursuivait l'armée anglaise mise en déroute, trente hussards du 8e régi-

---

(1) A la prise de Bois-le-Duc, qui renfermait six cents soldats anglais, Pichegru fit sortir de la place trente chariots couverts, avec défense de les visiter : ils cachaient les prisonniers que l'odieux décret vouait à la mort.

ment firent mettre bas les armes à deux bataillons anglais, et un tambour de dix-huit ans, seul, mena dix prisonniers. » On peut croire ces miracles de la bravoure française, dit un historien, lorsqu'ils sont attestés quinze ans après l'événement. »

A l'attaque des Anglais, vers Druten, en 1795, un simple hussard nommé Minier, eut l'intrépidité de pénétrer seul dans les rangs d'un bataillon ennemi, tua l'enseigne, et enleva le drapeau.

COMMANDÉE par le général Championnet, l'armée française vint camper près de Francfort. A la vue de vastes plaines couvertes de riches moissons, Championnet s'arrête, et des larmes coulent de ses yeux. « Mes amis, dit-il aux officiers de son état-major, craignons de fouler les dons de cette terre fertile ; ne détruisons pas l'espoir du pauvre laboureur. J'aime mieux supporter encore une marche et reposer plus loin ma tête fatiguée, que de ruiner deux cents familles qui sont à la veille de recueillir le fruit de leurs sueurs. »

Parmi les traits de courage des Français à l'attaque du Mont-Genèvre, où les Piémontais furent mis en déroute, nous n'en rapporterons qu'un des plus remarquables. Les Piémontais, ayant surpris un poste de vingt-un chasseurs, les avaient confiés à trente hommes, qui les amenaient prisonniers. Janéria, sergent-major au deuxième bataillon d'infanterie légère, entreprit seul de les délivrer. Posté avantageusement, au moment où le détachement passait, il s'écria : A moi, chasseurs! dé livrons nos camarades. » A l'instan les Français prisonniers, encouragé par la voix du sergent-major, se jet tent sur leurs vainqueurs et les désai ment. Janéria, à la tête de vingt-u: prisonniers qu'il venait de délivrer ramena les trente Piémontais prison niers, aux cris de *vive la république*

Dans la glorieuse journée du frimaire an 4, où furent défaits le Autrichiens et les Piémontais, l'ad judant-major du 4e bataillon de l'Ar dèche, nommé Jérôme, ayant reçu ordre de son chef de bataillon de s transporter avec vingt-cinq homme dans la vallée de Toirano, près de l Chartreuse, pour protéger la gauch de la colonne qui y défilait, exécut cet ordre avec intelligence, et soutin une fusillade très-vive. Blessé à l tête, il rejoignit son chef, refusa d'aller se faire panser, marcha avec le bataillon, et gravit un des premiers au-dessus des camps ennemis. Arrivé sur une hauteur présentant un assez vaste plateau, il aperçut un peloton de cent cinquante Autrichiens qui dépouillaient quatre prisonniers français. Il se précipita sur les ennemis, à la tête de quinze hommes, dégagea les quatre volontaires, et fit prisonniers les cent cinquante Autrichiens.

Le général Duhesme, né en 1766, fut commandé par le général Moreau pour exécuter le passage du Rhin, au-dessous de Kell, à Diersheim; à peine parvenu sur la rive opposée, il rangeait quelques troupes en ligne, pour couvrir le point de débarquement, qu'il se voit attaqué par un régiment autrichien. Il fallait se rendre ou se noyer dans le Rhin, ou repousser tout le régiment. Duhesme fait battre la charge ; son tambour tombe mort. Ce général, saisissant la caisse et la battant avec le pommeau de son épée, précède ses soldats et les appelle au combat. Il donna le temps au reste de ses troupes de le joindre.

Alexandre Dumas, né à Saint-Domingue en 1762, passa en France pour combattre avec ses défenseurs dans le Tirol ; il se porta en avant avec une vingtaine de dragons détachés en éclaireurs pour observer les mouvemens de l'ennemi, le 4 germinal an 5 (25 mars 1797) ; il avait donné ordre à un général de brigade de se mettre en bataille derrière un ravin, afin de le soutenir. La cavalerie autrichienne, voyant le petit nombre qu'elle avait devant elle, les charge vigoureusement ; l'escorte de Dumas est mise en déroute, sans qu'il lui soit possible de la rallier : arrivé au pont de Clausel, village en avant de Brixen, Dumas se précipite seul à la tête du pont, et y arrête pendant plusieurs minutes un escadron de cavalerie ennemie, qu'il força à la retraite. Entouré par une vingtaine d'Autrichiens, il en tua trois et en blessa huit : il ne reçut que trois légers coups de sabre. L'ennemi, étonné, épouvanté de sa courageuse résistance, tourna le dos et prit la fuite, se doutant qu'il était soutenu. Dumas criait, en frappant à coups redoublés : « Rendez-vous, l'armée française me suit. »

Murcher, caporal dans la deuxième demi-brigade d'infanterie de ligne, apercevant dans une affaire un chef de bataillon de la 25e légère, grièvement blessé, hors de combat, et que trois grenadiers hongrois dépouillaient, laisse à ses camarades le soin d'emmener une pièce de canon qu'il vient de prendre, court au chef de bataillon, attaque les trois grenadiers, les combat, les met en fuite, charge cet officier blessé sur ses épaules, l'emporte et le met hors de danger. « *Ne me quitte pas*, lui dit cet officier reconnaissant : *Viens avec moi, tu m'as bravement secouru, je te récompenserai. Je vous remercie*, lui répond Murcher : *j'ai reçu ma récompense, j'ai eu le bonheur de vous sauver la vie.* »

A la prise du fort de la Chiusa autrichienne, en 1797, Broussier monta le premier à l'assaut, passa par une embrasure au moment où les canonniers allaient mettre le feu à leurs pièces : il pénétra dans le fort, et fit prisonnier le général Chebec, qui y commandait.

A l'armée de Naples, près de Bénévent, en 1798, il fut attaqué par dix mille hommes; il n'avait que la dix-septième demi-brigade et trente-six chasseurs à cheval : il dresse une embuscade où tombèrent ces dix mille hommes; il les chargea à la tête des chasseurs, et les mit en déroute.

Le général Augereau, à la bataille d'Arcole, donna des preuves d'une valeur étonnante. L'avant-garde combattit tout un jour sans pouvoir forcer le passage d'un pont élevé sur les canaux qui coupent la plaine, et défendu par une artillerie formidable. Les généraux se précipitent à la tête de leurs colonnes : le feu de la mousqueterie et du canon fait reculer nos soldats. Augereau saisit un drapeau, s'élance sur le pont, et appelle nos guerriers du geste et de la voix : son exemple héroïque ne peut électriser les cœurs ; il était presque impossible de franchir le terrible passage.

Le général en chef, Bonaparte (1), afin d'encourager les colonnes qui paraissaient hésiter, descendit de cheval, prit aussi un drapeau, en s'écriant : *Suivez votre général !* Bonaparte fut renversé dans un marais, sous le feu de l'ennemi, d'où l'on eut bien de la peine à le retirer. Dans cet instant terrible, l'un de ses aides-de-camp, Muiron, perdit la vie. Le lendemain

---

(1) Les premières campagnes du général en chef Bonaparte, en Italie, sont de l'an 4 et 5 (1795 et 1796) : il n'était alors âgé que de vingt-six ans ; et les secondes, tout aussi brillantes, sont de l'an 8 (1800) : une seule bataille, celle de Marengo, força alors l'empereur à faire la paix.

se donna la fameuse bataille d'Arcole, où un autre aide-de-camp du général, nommé Elliot, trouva pareillement une mort glorieuse. Le pont fut tourné, et la bataille gagnée. Bonaparte écrivit cette lettre philosophique au général Clarke (1) :

« Votre neveu Elliot a été tué sur le champ de bataille d'Arcole. Ce jeune homme s'était familiarisé avec les armes : il a plusieurs fois marché à la tête des colonnes ; il aurait été un jour un officier estimable. Il est mort avec gloire et en face de l'ennemi ; il n'a pas souffert un instant. Quel est l'homme raisonnable qui n'envierait pas une telle mort ? Quel est celui qui, dans les vicissitudes de la vie, ne s'abonnerait pas pour sortir de cette manière d'un monde si souvent mépri-

---

(1) Depuis ministre de la guerre.

sable? Quel est celui d'entre nous qui n'a pas regretté cent fois de ne pas être ainsi soustrait aux effets puissans de la calomnie, de l'envie, et de toutes les passions haineuses qui semblent presque exclusivement diriger la conduite des hommes (1)? »

Le corps législatif crut devoir honorer d'une manière éclatante les vainqueurs d'Arcole; il décréta que les drapeaux portés à la bataille d'Arcole contre les bataillons ennemis, par les généraux Bonaparte et Augereau, leur sont donnés à titre de récompense par la nation.

---

(1) Le général Bonaparte, en informant le Directoire du succès de la bataille de Lodi, s'exprime en ces termes au sujet du général Berthier : « Je ne dois pas oublier l'intrépide Berthier, qui fut, dans cette journée, canonnier, cavalier et cuirassier. »

Bonaparte força la ville de Mantoue à capituler, quoique défendue par une armée entière. Cette ville est la plus proche de l'ancien lieu nommé Andes, où naquit Virgile. Andes, situé dans le Seraglio, est un village qui porte à présent le nom de Pietole. Les champs qui l'environnent, et dont l'auteur immortel de l'*Enéïde* donne la description dans ses Eglogues, sont ceux que Virgile reçut de la libéralité d'Auguste. Ils portent encore le nom de *Champs Virgiliens*. Il paraît que ces champs n'avaient pas moins souffert pendant le blocus et le siége de Mantoue, que pendant les guerres de l'ancienne Rome. Mais Bonaparte fit observer la plus grande discipline, et protégea la patrie de Virgile. La mémoire de ce grand poëte, après plus de dix-huit siècles, fut encore utile à son pays : Bonaparte voulut que l'ancien patrimoine du prince des poëtes latins fût distingué avec honneur, et que les colons fussent indemnisés de toutes les pertes que la guerre avait pu leur occasionner.

Un obélisque fut érigé par son ordre dans le village de Pietole, patrie de Virgile, au milieu d'un bois de chênes, de myrtes et de lauriers, qui lui est consacré. On grava sur la première face du piédestal :

Primus ego in patriam, modò vita supersit.
Aonio rediens deducam vertice Musas :
Primus Idumæas referam tibi, Mantua, palmas.

Sur la seconde :

Nec spes libertatis erat.

Sur la troisième :

O Melibœe, Deus nobis hæc otia fecit!

Sur la quatrième :

Natal, Pub. Virgilii Maronis sacrum.

Dans la dernière guerre de la Vendée, en 1815, le colonel commandant la cavalerie vendéenne, fut envoyé dans une paroisse d'un des départemens insurgés, pour y demander un renfort d'hommes. Selon l'usage du pays, il s'adressa au curé, qui, après l'office divin, tint à ses paroissiens ce discours aussi concis qu'énergique : *Mes amis, nous n'avons qu'un Dieu et qu'un Roi ; il faut prier l'un et se faire tuer pour l'autre.* Cette courte exhortation suffit pour faire prendre les armes à tout le village.

Bonaparte livra et gagna la fameuse bataille d'Aboukir, le 7 thermidor (26 juillet), dans ce même lieu près duquel la flotte de l'amiral Brueys avait été défaite. A l'attaque du retranchement par la 18e demi-brigade, les Turcs cherchent à arracher les baïonnettes qui leur donnent la mort; ils mettent le fusil en bandoulière, se battent au pistolet et au sabre. Une vingtaine de braves de la 18e demi-brigade restent sur le terrain. Les Turcs, malgré le feu meurtrier de nos batteries, s'élancent du retranchement pour couper la tête des morts et des blessés, et obtenir l'aigrette d'argent que leur gouvernement donne à tout militaire qui apporte la tête d'un ennemi.

Un mouvement que le général *Murat* fit faire à la cavalerie, ayant coupé toute retraite à l'ennemi, la déroute est complète. Frappés de terreur, ils trouvent partout les baïonnettes, le sabre de la cavalerie et la mort. Ils ne croient avoir de ressources que dans les eaux de la mer, se flattant de pouvoir gagner à la nage les bâtimens turcs mouillés à deux lieues dans la rade d'Aboukir. Dix mille soldats ou janissaires se précipitent dans la mer; ils y sont fusillés et mitraillés. Jamais spectacle aussi épouvantable ne se présenta aux regards des hommes. Aucun des fugitifs ne parvint à se sauver. Le pacha commandant en chef de l'armée est fait prisonnier avec deux cents Turcs. Deux mille Musulmans restent sur le champ de bataille; toutes les tentes, tous les bagages, vingt pièces de canon, dont deux anglaises qui avaient été données par la cour de Londres au Grand-Seigneur, tombèrent au pouvoir du vainqueur.

Nos troupes n'étaient pas aussi victorieuses en Italie, mais n'en combattaient pas moins avec leur valeur ordinaire. A la bataille de Novi, l'une des plus sanglantes qui aient été livrées, et qui coûta la vie au général Joubert, le général Grouchy commandait une des quatre divisions le l'armée. Attaquée la première à trois heures du matin, cette division combattait encore à sept heures du soir. Tour à tour assaillante ou assaillie, onze fois avant le jour elle fut engagée sur tout son front. Le général Grouchy dirigeait les charges, un drapeau à la main : un boulet emporte ce drapeau ; ce général élève son chapeau au bout de son sabre, et ramène ses soldats au combat.

PENDANT que les Français faisaient le siége de Valenciennes, que les Autrichiens occupaient le 27 août 1794, *Duquesne*, chasseur dans le 5e bataillon d'infanterie légère, eut la cuisse fracassée par un boulet lancé de Valenciennes. Ses camarades s'empressèrent de le secourir ; il les éloigna en les engageant de retourner à leur poste ;

on le vit tenir lui-même les bandages et aider le chirurgien à panser ses blessures. Quand l'opération fut achevée, Duquesne dit : « *Ce n'est pas ma jambe que je regrette ; mais c'est de me trouver dans l'impuissance d'aller avec mes camarades délivrer Valenciennes.* »

BONAPARTE, au commencement de 1798, vint former le siége de la ville de Saint-Jean d'Acre, dans la Syrie, où régnait tyranniquement le pacha *Ameth Djezzar*, surnom qui signifie le *boucher*, et qu'on avait donné à ce gouverneur à cause de sa cruauté. Ce siége très-meurtrier durait depuis quelques mois, la ville ayant été secourue par les Anglais et par le commodore *Sidney-Smith* en personne. Lorsqu'on demanda à des déserteurs Grecs et Turcs, échappés de la place, ce que sont devenus les soldats français qui ont été blessés et faits prisonniers dans diverses attaques, ils répondent qu'après les avoir fait mutiler, *Djezzar* a ordonné de promener par la ville leurs têtes sanglantes et leurs membres palpitans.

Quelques jours après un terrible assaut, nos soldats remarquèrent sur le rivage une grande quantité de sacs; ils les ouvrent, ils voient des cadavres attachés deux à deux. On questionne ces déserteurs, et l'on apprend que plus tard quatre cents chrétiens qui étaient dans la prison de *Djezzar*, en ont été tirés par les ordres de ce monstre en présence des Anglais, pour être liés deux à deux, cousus dans des sacs et jetés dans la mer. « O vous! s'écria le général de division Berthier, chef de l'état-major général de l'armée d'Orient, nations qui savez allier avec les droits de la guerre ceux de l'honneur et de l'humanité, si les événemens vous eussent forcées d'unir votre pavillon et vos drapeaux à ceux d'un *Djezzar*, j'en appelle à votre magnanimité; vous n'eussiez pas souffert qu'un barbare les souillât par de pareilles atrocités; vous l'eussiez contraint de se soumettre aux principes d'honneur et d'humanité que professent tous les peuples civilisés.»

Le découragement était tel parmi les Allemands en Italie, que, dès qu'ils apercevaient des soldats français, ils jetaient leurs armes et se rendaient en demandant quartier : les officiers et les soldats disaient hautement qu'ils ne voulaient plus se battre. Un capitaine, dans la 18e demi-brigade, nommé Réné (1), ayant été

(1) Réné était fils d'un médecin de Mont-

laissé au village de Garda avec cinquante hommes pour surveiller le lac et favoriser un débarquement, et ayant fait sept Autrichiens prisonniers dans la visite d'un petit poste qu'il avait placé en avant, rencontra, à cinquante pas, une colonne autrichienne qu'il n'aperçut que lorsqu'il en fut fort près, à cause d'un tournant.

Le commandant de la colonne lui ordonna de mettre bas les armes, attendu qu'il était prisonnier. « Non, monsieur, répondit le capitaine français, c'est vous-même. J'ai déjà désarmé votre avant-garde : vous en voyez une partie : bas les armes ! ou point de quartier. » Les soldats français, excités par cet exemple, répétèrent le même cri. Les sept prison-

---

pellier ; il a fourni une carrière militaire des plus glorieuses : il est mort en Espagne avec le grade de général de brigade.

niers voyant qu'au premier feu ils seraient tués, crièrent de toutes leurs forces à leurs camarades de se rendre, ce qui étonna l'officier ennemi. Il voulut parler ; on ne lui répondit qu'en répétant : *Bas les armes !* Il proposa de capituler ; il eut pour toute réponse : *Bas les armes ! et prisonnier.* « Mais, monsieur, reprit le commandant autrichien, si je me rends, n'aurai-je pas de mauvais traitemens à éprouver ? » Ayant reçu la parole d'honneur qu'il n'avait rien à craindre, il ôta son châpeau, présenta son épée à l'officier ; et toute la troupe mit bas les armes.

Le capitaine Réné, craignant que l'ennemi ne s'aperçût du peu de monde qu'il avait, le fit rétrograder. Il y avait deux barques sur le bord du lac ; une certaine quantité d'Impériaux s'y jetèrent pour gagner l'autre rive, et l'on ne put les en empêcher; mais les barques, trop chargées, coulèrent bas à environ soixante toises, et la plus grande partie des fugitifs se noya. Un instant après, comme beaucoup d'officiers et de soldats refusaient de marcher, en disant : « Attendons encore, » le capitaine français répondit d'un ton ferme : « Qu'est-ce que cela signifie, monsieur le commandant ? Où est donc l'honneur ? n'êtes-vous pas prisonnier ? ne m'avez-vous pas rendu vos armes, et donné votre parole ? Vous êtes officier, je compte sur votre loyauté : pour preuve, je vous rends votre épée, afin que vous fassiez marcher votre troupe ; sans quoi je me vois forcé de faire agir contre vous la colonne de six mille hommes. » Le mot d'honneur et la colonne imaginaire achevèrent de décider l'officier autrichien. « Je vais vous prouver, dit-il, que je connais l'honneur. Marchons, et je réponds que tout le monde me suivra. » Il parla alors allemand à ses soldats; le calme se rétablit, et on continua la marche. Cette colonne, faite prisonnière par cinquante hommes, était composée du régiment de ligne impérial Kerbeck et d'un corps franc.

BONAPARTE, en quittant l'Egypte, laissa à Kléber le commandement en chef de l'armée. Ce général n'ayant point de forces suffisantes à opposer au grand-visir qui s'avançait à la tête de quatre-vingt mille hommes et de soixante pièces de canon, est contraint de négocier; il convient avec le commodore Sidney Smith que nos soldats seront ramenés en France sur des vaisseaux anglais. Fidèle au traité, il venait de livrer aux Ottomans tous les forts de la Haute-Egypte et la ville de

Damiette, lorsque Sydney Smith et lord Keith, commandant de la flotte anglaise dans la Méditerranée, lui écrivent qu'un ordre du roi d'Angleterre leur défend de consentir à une capitulation, si l'armée française ne met bas les armes, n'abandonne ses vaisseaux et ne se rend prisonnière de guerre. Kléber, indigné à la lecture de cette lettre, s'écria : Soldats, vous répondrez à cette insolence par des victoires. »

Le général de Kaunitz, fils du premier ministre de l'empereur, étant venu voir l'école de Munich, fut frappé des dessins et des plans du jeune prisonnier, et lui obtint une place de sous-lieutenant dans le régiment de Kaunitz, où il fit ses premières armes contre les Turcs. Après huit ans, il se dégoûta du service d'une puissance étrangère, et vint à Béfort exercer, pendant six ans, la place d'inspecteur des bâtimens publics. Lorsque la révolution éclata, il s'enrôla simple grenadier dans les bataillons du Haut-Rhin, et s'éleva rapidement au grade d'adjudant-général.

Au moment où la confiance des troupes ne pouvait se ranimer que par Kléber, le gouvernement le destitue, et donne au jeune Marceau le commandement en chef de l'armée. La fierté de Marceau avait été souvent blessée de la franchise austère de son rival. Il se vengea avec noblesse : il cacha la suspension, et gardant le vain titre de général en chef, il en remet toute l'autorité à Kléber. « Menez, lui dit-il, l'armée de la république à la victoire. Je suis plus fait pour courir sous vos ordres dans les avant-gardes ; et, s'il est question de responsabilité et d'échafaud, ils seront pour moi. »

Après la bataille de Savenay, où les Vendéens perdirent près de soixante mille hommes, Kléber entra à Nantes aux acclamations du peuple.

Cette ville donna une fête aux généraux vainqueurs. Au moment où une couronne de laurier descendit sur la tête de Kléber, un représentant du peuple s'écria : « Les couronnes ne sont pas dues aux généraux, mais aux soldats, qui gagnent seuls les batailles. »

Kléber répondit : « Ce ne sont pas les généraux républicains, qui presque tous ont commencé comme moi par être simple grenadier, qui peuvent ignorer que les soldats gagnent les batailles ; mais ce ne sont pas non plus les soldats de la république, parmi lesquels plusieurs peuvent aspirer au commandement, qui ignorent que des milliers de bras ne gagnent des victoires que lorsqu'ils sont dirigés par une seule tête. J'ai pris la couronne pour la suspendre aux drapeaux de l'armée. »

Au passage du Mont Saint-Bernard, le général Lannes s'était avancé à la tête de l'avant-garde, jusqu'au hameau Saint-Pierre, situé tout à fait au pied du mont qu'il fallait escalader. Cette avant-garde gravit la montagne le 30 floréal (20 mai.) Le général Watrin, qui commandait la première division, s'avança bientôt avec sa colonne. Le surplus de l'armée ne tarda pas à se mettre en marche; mais comment transporter l'artillerie? On démonte les canons pièce par pièce; on creuse des arbres en forme d'auges, dans lesquels on met les pièces de canon. Cinq ou six cents hommes, selon la grosseur des calibres, traînent ce pesant fardeau; les roues sont portées à bras; les caissons et les essieux sont placés sur des traîneaux ; les mulets sont chargés des provisions. C'est ainsi qu'une armée entière tente de s'élever, pour ainsi dire, à la hauteur du vol de l'aigle, en tâchant de parvenir à une des plus hautes sommités des Alpes. On ne pouvait monter, ou plutôt grimper, que l'un après l'autre. Si quelque officier ou soldat avait eu la témérité de vouloir dépasser son camarade, en s'écartant de la trace étroite qu'on se frayait, il aurait été infailliblement englouti sous la neige. C'était en trempant son biscuit dans l'eau de cette neige qu'on se désaltérait, et cette boisson semblait délicieuse. Il fallut des efforts continuels durant cinq heures, pour parvenir jusqu'au couvent des Ermites. La présence du premier consul soutenait le courage des soldats et des travailleurs.

Les difficultés ne firent que s'accroître quand on eut escaladé jusqu'au sommet : la descente de la montagne est au moins de six lieues. Mais quelle descente horrible et rapide! On ne pouvait faire un pas sans être arrêté par de larges crevasses formées par la fonte des neiges et par les torrens. Malgré toutes les précautions qu'on pouvait prendre, on voyait glisser et périr beaucoup d'hommes et de chevaux qui roulaient dans des précipices et des gouffres épouvantables : c'était tomber, en quelque sorte, du ciel aux enfers.

Le premier consul, après s'être arrêté pendant une heure seulement, au couvent des Ermites, prit, pour rejoindre plus tôt l'armée, un sentier que suivaient quelques fantassins. Lorsqu'il fut parvenu à peu près au milieu de la descente, il se trouva tout à coup avoir une pente si rapide, qu'il ne put la parcourir qu'en se laissant glisser : la hauteur de cette pente était de soixante-cinq mètres (environ deux cents pieds.) Qu'on juge des difficultés qu'on eut à surmonter, par ces seuls mots : « On marchait depuis minuit dans cette terrible descente, et l'on n'arriva le lendemain qu'à neuf heures du soir. »

Après avoir surmonté tous ces obstacles, Bonaparte s'occupa du soin de conduire ses troupes à la victoire. Plusieurs batailles glorieuses amenèrent celle de Marengo, le 25 prairial an 8 (14 juin 1800), qui mit le comble à tous les succès remportés par le premier consul. Dans le commencement de l'action, nos troupes perdirent du terrain, foudroyées par une artillerie démasquée tout à coup. Le général Berthier accourt prévenir Bonaparte que l'armée recule et commence à être en déroute : « Vous ne m'annoncez pas cela de sang-froid, » lui dit fièrement le premier consul.

Les grenadiers à pied de la garde consulaire arrivent dans ce moment critique sur le champ de bataille ; quoiqu'ils ne soient qu'au nombre de cinq cents, et nullement soutenus, ils n'en avancent pas moins d'un pas rapide contre une armée entière qui se croit victorieuse, et dont ils sont bientôt enveloppés.

Se voyant dans cette situation désespérée, et fusillés par l'infanterie des ennemis, en même temps qu'ils éprouvent trois charges consécutives de leur nombreuse cavalerie, ils se forment en bataillon carré, semblent présenter un mur d'airain, se retirent lentement et en bon ordre, et rejoignent l'arrière-garde des Français, aussi étonnée de leur retour que de leur audace. Le premier bataillon de la division Desaix se présente enfin dans la plaine et sur la hauteur. Le premier consul et le général en chef parcouraient toutes les lignes, inspirant à tous le courage et la confiance. Le signal est donné; on franchit le défilé au pas de charge, et avec cette impétuosité particulière à nos troupes. La cavalerie française, faisant supposer par son audace qu'elle est beaucoup plus nombreuse, s'élance dans la plaine sur la droite : Desaix s'avance également avec l'intrépidité de la foudre : tout plie devant lui. Le général Victor emporte, avec la même impétuosité, le village de Marengo. Le centre et la cavalerie, sous les ordres du général Murat, attaquent et pressent le centre de l'ennemi, tandis que le fils du général Kellermann fait mettre bas les armes à dix mille grenadiers Hongrois, qu'on avait réunis de plusieurs régimens, quoiqu'il n'eût avec lui que huit cents chevaux... Mais, ô perte irréparable! c'est en ce moment de victoire, au sein de son triomphe, que Desaix est atteint d'un plomb mortel, et n'a que le temps de dire à l'un de ses aides-de-camp (M. Lebrun): « Allez dire au premier consul que je meurs avec le regret de n'avoir pas assez fait pour la postérité. »

Le 5 nivose an 8 (26 décembre), Bonaparte donna à titre de récompense un magnifique sabre au général Saint-Cyr, vainqueur des Autrichiens dans un combat livré le 23 frimaire précédent (14 décembre), où il fit 1800 prisonniers; et le premier consul lui écrivit: « Je vous nomme premier lieutenant de l'armée ; portez ce sabre le jour des combats, et comptez sur mon estime et mon amitié. »

Chanondie, sergent au 18e. régiment d'infanterie de ligne, se distingua dans beaucoup d'affaires, et surtout à celle de Mantoue, où il montra tant de présence d'esprit, qu'il attaqua, tourna et enveloppa une compagnie de 55 tirailleurs ennemis, qu'il fit prisonniers en escaladant, l'un des premiers, les remparts d'Alexandrie ; ce brave reçut une blessure très-dangereuse. A peine fut-il convalescent, que rien ne put l'empêcher de rejoindre son corps. En vain on lui fit observer qu'il y avait du danger, il répondit en riant : « L'air de mon régiment me fera du bien. » La nature seconda son zèle.... Dès qu'il aperçut son drapeau, il s'écria : « Je suis guéri! je suis guéri!... » En effet, peu de temps après son arrivée au camp, il fut en parfaite santé.

Après la plus glorieuse défense, le général Masséna sentit la nécessité de faire connaître au premier consul sa situation critique : le sort de Gênes et celui de l'armée française en dépendaient; mais le blocus qui fermait tous les passages par terre et du côté de la mer, présentait de grands dangers. Franceski, jeune officier, se présente pour ce grand acte de dévouement. Il reçoit les dépêches du général, et se jette dans un bateau de pêcheur avec trois rameurs intrépides. A la faveur de la nuit, ils passent au travers des triples lignes maritimes des Anglais; mais au jour ils sont aperçus, et la chasse leur est donnée. Franceski échappe long-temps à la poursuite des Anglais, et déjà il n'est qu'à quelques lieues d'Antibes ; mais enfin l'ennemi gagne de vitesse, et la crainte de tomber entre ses mains se fait plus vivement sentir. Franceski se décide ; il se dépouille de ses habits, attache ses dépêches autour de son corps, recommande à ses matelots de manœuvrer encore quelque temps pour occuper l'ennemi, et se jette à la mer.

Un quart d'heure après, il se souvient qu'il a oublié son sabre : il ne veut pas qu'il tombe au pouvoir des Anglais ; il retourne vers le bateau, prend son sabre, le passe à son cou, nage pendant plusieurs heures, et arrive au rivage.

Ses dépêches sont sauvées ; il les présente au premier consul, qui admira et récompensa ce dévouement patriotique.

Lorsque l'armée française, commandée par *Napoléon*, faisait en six semaines la conquête de l'Autriche, et allait planter ses étendards sur les murailles de Vienne, un chirurgien français se présente devant la ville de Passau, demande à parler au gouverneur autrichien ; il lui annonce qu'il a choisi cette place pour y établir un hôpital militaire, parce que l'armée française ne peut tarder à le suivre. Le gouverneur rit d'abord de cette fanfaronnade ; mais, convaincu ensuite qu'il faudra bientôt se rendre, il abandonne la place, et le bourgmestre vient humblement en remettre la clef au chirurgien.

A l'affaire de Manheim, le nommé *Bonnel*, sous-lieutenant dans le 21e régiment d'infanterie de ligne, se signala d'une manière étonnante. Les canonniers d'une redoute avaient été totalement mis hors de combat; il se décide à les remplacer seul, et manœuvre la pièce de canon avec tant d'habileté et de précision, qu'il force deux fois une colonne ennemie à rétrograder; enfin, enveloppé, il oppose la résistance la plus courageuse, tue le premier qui ose s'avancer pour le désarmer, se précipite au milieu des autres ennemis, se fait jour au travers de leurs rangs, et parvient à rejoindre son régiment.

Lorsque Napoléon se porta en personne devant *Ulm*, et ordonna l'investissement de l'armée ennemie, il y avait huit jours qu'il ne s'était débotté.

Des prisonniers Autrichiens, en défilant devant lui, témoignèrent tous un extrême empressement de le voir. Ils se rappelaient qu'un jour, à l'armée d'Italie, dans une circonstance pareille, lorsqu'il vit passer des chariots remplis d'Autrichiens blessés, il ôta son chapeau en disant : *Honneur au courage malheureux !*

Rien de plns étonnant que la marche rapide de Murat depuis Albeck jusqu'à Nuremberg. Quoique se battant toujours, il parvint à gagner de vitesse l'ennemi, qui avait deux jours de marche sur lui.

Le résultat de cette prodigieuse activité, fut la prise de quinze cents chariots, de cinquante pièces de canon, de seize mille hommes, y compris la capitulation du général *Werneck* ; dix-huit généraux posèrent les armes ; trois furent tués. Le prince Ferdinand, toujours poursuivi, accompagné d'un petit nombre de cavaliers, fut trop heureux de gagner enfin la Bohême.

Au combat de Wertingen, le colonel Beaumont du 10e de hussards, saisit au milieu des rangs ennemis un capitaine de cuirassiers, qu'il prit lui-même après avoir sabré un cavalier.

Le colonel Maupetit, à la tête du 9e de dragons, chargea dans le village de Wertingen. Blessé mortellement, il dit avant que d'expirer : « Que Bonaparte soit instruit que le 9e de dragons a été digne de sa réputation ! »

David, carabinier dans le premier régiment de cette arme, se distingua au passage du Danube, à Grensheim, près Bruitheim ; son régiment chargea un corps d'Autrichiens six fois plus nombreux. *David*, apercevant le drapeau autrichien, dit à ses camarades : « Vous voyez bien ce drapeau ! eh bien, je vais le prendre et vous le rapporter. » En effet, il s'élance seul dans les rangs ennemis, fond sur le drapeau, s'en saisit; et, malgré les efforts des Autrichiens pour le ravoir, *David* regagne son régiment en criant: « Quand je vous avais dit que je vous rapporterais ce drapeau! » Cet acte de courage lui valut un mousqueton d'honneur.

Brard, soldat au 76e régiment, allait avoir la cuisse amputée; au moment où le chirurgien se préparait à faire l'opération, il l'arrête, et lui adresse ces paroles: « Je sais que je ne survivrai pas; mais n'importe: un homme de moins n'empêchera pas le 76e de marcher la baïonnette en avant et sur trois rangs à l'ennemi. » L'intrépide Brard était un conscrit de l'an 9 (1800).

Lorsque Bonaparte passa en revue

les dragons au village de Zusmershausen, il se fit présenter le nommé *Marente*, dragon du 4e régiment, un des plus braves soldats de l'armée, qui, au village de Leck, avait sauvé son capitaine qui, peu de jours auparavant, l'avait cassé de son grade de sous-officier. Bonaparte lui donna la décoration de la légion d'honneur, et l'interrogea sur la noblesse de son action ; ce brave soldat lui répondit : « Je n'ai fait que mon devoir ; mon capitaine m'avait cassé pour quelque faute de discipline ; mais il sait que j'ai toujours été un bon soldat. »

Précédée de plusieurs combats célèbres, la bataille d'Eylau, gagnée sur les Prussiens et l'armée des Russes, le 8 février 1807, mit le comble à la gloire des Français. Il fallut combattre tout à la fois et la rigueur de la saison et les forces réunies des ennemis. Une neige épaisse, et telle qu'on ne se distinguait point à deux pas, couvrit tout à coup les deux armées pendant une demi-heure. A peine s'était-elle un peu dissipée, que le gran-duc de Berg, à la tête de la cavalerie, et soutenu par le maréchal Bessière, à la tête de la Garde, tomba comme la foudre sur l'armée ennemie, que des escadrons traversèrent deux fois toute entière. Trois cents bouches à feu vomirent la mort de part et d'autre pendant douze heures consécutives. Les Russes perdirent, sur le champ de bataille, sept mille des leurs, environ quinze mille prisonniers, autant de blessés, dix-huit drapeaux, et quarante-cinq pièces de canon. Il fallut beaucoup de travail pour enterrer tous les morts. Quarante-huit heures après la bataille, il y avait plus de cinq cents Russes qu'on n'avait pas encore pu enlever. On leur faisait porter de l'eau-de-vie et du pain, et successivement on les transporta à l'ambulance.

Le 27 novembre 1806, Bonaparte, partît du château de Charlottembourg, fit, à cheval, son entrée solennelle à Berlin. Il était environné du ministre de la guerre, prince de Neufchâtel (Alexandre Berthier); des maréchaux Davoust et Augereau; de son grand-maréchal du palais; de son grand-écuyer et de ses aides-de-camp. Le maréchal Lefèvre ouvrait la marche; à la tête de la vieille garde à pied; les cuirassiers de la division Nansouty étaient en bataille sur le chemin. Bonaparte marchait entre les grenadiers et les chasseurs à cheval de sa garde. Il descendit au palais à trois heures après midi, il y fut reçu par le grand-maréchal du palais. Une foule immense était accourue sur son passage: l'avenue de Charlottembourg á Berlin, longue d'une lieue, était couverte de spectateurs. La journée était superbe. Tout le corps municipal vint à la porte de la ville offrir les clefs à Bonaparte. Le son de toutes les cloches se faisait entendre, et le soir tout Berlin fut illuminé. Dans un mémoire, que publia le duc Eugène de Wurtemberg, qui commandait l'armée de réserve des Prussiens, il rend justice à la magnanimité dont les Français ont donné tant d'exemples. On lui avait amené quelques Français qui faisaient partie des éclaireurs de l'armée. « Ces prisonniers, dit le prince, selon la coutume de tous les Français, ne voulaient rien déclarer, quelques instances qu'on leur fit. Je ne puis même passer sous silence la noble réponse de l'un d'eux. Je le pressais de questions sur la marche de l'armée, sur sa force. « Prince, me répondit-il, si je vous disais un mensonge, j'en aurais honte, et cela ne vous servirait à rien. Si je vous disais la vérité, j'agirais contre l'honneur et mon devoir : vous ne l'exigerez pas. » On regrette d'ignorer le nom de cet estimable Français.

Le 14 juin 1807, jour destiné au triomphe des Français, l'ennemi déboucha sur le pont de Friedland. A trois heures du matin, des coups de canon se firent entendre : « C'est un jour de bonheur, dit Bonaparte, c'est l'anniversaire de la bataille de Marengo. » La bataille fut livrée et gagnée. Les Russes et les Prussiens se battirent avec une extrême bravoure ; mais le courage ne suffit pas toujours pour être vainqueur. Cette bataille dura plus de vingt - quatre heures. Les Russes perdirent dans cette journée, et dans celle qui l'avait précédée, soixante mille hommes, leur artillerie, leurs magasins, toutes leurs munitions, leurs hôpitaux, la place de Kœnigsberg, trois cents bâtimens qui étaient dans ce port, chargés de toutes sortes de munitions, et de cent soixante mille fusils envoyés par l'Angleterre.

La Tour - d'Auvergne n'aquit en Bretagne, le 23 décembre 1748. Quoique d'une maison illustre et très-ancienne, d'un fils naturel, à la vérité, il vécut sans ambition, se bornant dans sa jeunesse au grade de capitaine, et satisfait, pendant la révolution, de servir sa patrie en qualité de simple soldat. On le voyait, dans un âge fort avancé, marcher à pied, le havresac sur le dos, à la tête de sa compagnie. Mais, il n'était pas seulement un héros, on trouvait encore en lui un savant du premier mérite.

Il publia, vers 1797, un ouvrage très-savant sur les *Origines gauloises*, dans lequel il a rassemblé, avec le plus grand soin, les citations essentielles des auteurs anciens, pour prouver que presque toutes les nations du globe sont sorties de l'Armorique. On voit qu'il possédait une vingtaine de langues.

L'ÉVÉNEMENT le plus remarquable de la guerre d'Allemagne, en 1809, fut celui qui retarda pour quelques jours la marche si rapide de l'armée française. Je veux parler des combats d'Ebersdorf, de Gros-Aspern, d'Esling et d'Inzersdorff; Bonaparte passa dans l'île, et fit établir un pont entre Gros-Aspern et Esling. Il alla ensuite, accompagné du prince de Neufchâtel, des ducs de Rivoli et de Montebello, reconnaître la position de la rive gauche, et établit son champ de bataille, la droite au village d'Esling, et la gauche à celui de Gros-Aspern, qui furent de suite occupés. L'armée ennemie se montra; les divisions françaises marchèrent à sa rencontre. C'en était fait de l'armée autrichienne, lorsque la crue subite du Danube rompit les ponts de communication des îles, et dérangea toutes les opérations de l'armée française. Bonaparte fit arrêter le mouvement en avant, et ordonna au duc de Montebello de garder le champ de bataille. Le soir, l'ennemi reprit les anciennes positions qu'il avait quittées pour l'attaque. Ce fut à la suite de ces mouvemens, que nous ne rapportons ici qu'en partie, que le duc de Montebello eut la cuisse emportée par un boulet, le 22 mai, sur les six heures du soir. Au premier moment on le crut mort : transporté sur un brancard auprès de Bonaparte, ses adieux furent touchans. Au milieu des troubles de cette journée, Bonaparte se livra à la tendre amitié qu'il portait depuis tant d'années à ce brave compagnon d'armes ; quelques larmes coulèrent de ses yeux ; et se tournant vers ceux qui l'environnaient : « Il fallait, dit-il, que, dans cette journée, mon cœur fût frappé par un coup aussi sensible, pour que je pusse m'abandonner à d'autres soins qu'à ceux de mon armée.

La bataille du Wagram fut décisive ; elle est à jamais célèbre : 300 à

400,000 hommes s'y battireet pour de grands intérêts, sur un champ de bataille étudié, médité, fortifié depuis six mois par l'ennemi : 10 drapeaux, 40 pièces de canon, 20,000 prisonniers, dont 8 à 400 officiers, et un grand nombre de généraux, de colonels, furent les trophées de cette victoire. Un armistice fut conclu sitôt après ce grand événement, dont il était le résultat. Du repos fut accordé à l'armée ; les conférences commencèrent entre les ministres des deux empereurs, et le 14 octobre suivant, la paix fut signée à Vienne.

Pour commencer la campagne de Moscou, le premier soin de Bonaparte fut dirigé vers la Pologne. La garnison de Dantzick fut renforcée ; plusieurs corps d'armée furent complétés, ainsi que la cavalerie, le train d'artillerie et les équipages militaires. Un sénatus-consulte du 10 mars avait organisé l'empire en cohortes, bans et arrières-bans, tant pour assurer la défense des côtes, la sûreté de l'intérieur, que pour compléter les cadres de l'armée qui s'avançait vers le Nord. Les routes d'Allemagne étaient couvertes de corps nombreux de troupes, dont la totalité, sans compter les auxiliaires autrichiens, pouvait s'élever à 460,000 hommes, infanterie et cavalerie. Douze cents pièces de canon, réparties dans les différens corps de l'armée, constituaient la force de l'artillerie. Le premier corps, fort de cinq divisions, était commandé par le prince d'Eckmulh; le second, par le duc de Reggio; et le troisième, par le duc d'Elchingen. L'armée d'Italie, qui formait le quatrième, marchait sous les ordres du vice-roi, le fidèle et vertueux Eugène. Les Polonais, formant le cinquième corps, suivaient le prince Poniatowski. Venaient ensuite les Bavarois, les Saxons, les Westphaliens, et enfin les Prussiens. Tous ces corps étaient commandés par des généraux français. Durant toutes ces marches et réunion de corps, Bonaparte visitait la place de Dantzick; de là, il fut à Osterode, traversa Liebstadt, Kreutzbourg, lieux voisins d'Eylau, Heilsberg et Friedland, théâtre de sa plus grande gloire militaire. Arrivé à Kœnisberg, il y prépara tout pour sa grande entreprise, et joignit son armée à Wilkowiski.

L'armée russe, opposée à celle des Français, était formée de six grands corps. Bonaparte, pour les reconnaître, ainsi que leurs positions, se déguisa en soldat polonais, et se rendit ainsi sur les hauteurs qui dominaient Kowno. Il revint, donna ses ordres, et l'armée se mit en mouvement; elle avait passé le Niémen le 23 et le 27. Une députation des principaux habitans de Wilna remettait à Bonaparte les clefs de cette ville. Tout fuyait devant l'armée française ; mais après avoir épuisé, brûlé et détruit toutes les ressources que présentait le pays. Enfin, le 10 septembre, Bonaparte livra aux Russes, sur les bords de la Moskowa, une bataille des plus sanglantes, et dans laquelle les troupes françaises remportèrent la victoire. Le 14, du même mois, l'armée entra dans Moscou, qu'elle trouva livrée aux flammes par des fuyards. Bonaparte alla d'abord habiter le Kremlin avec son quartier général ; mais, ne s'y trouvant pas en sûreté, il l'abandonna aux flammes qui le dévoraient, et alla s'établir hors de la ville au château de Péterskoé.

La gloire de l'armée française était à son comble; elle se trouvait au centre de la Russie, dans l'ancienne capitale des Czars. Malheureusement elle y demeura trop long-temps. Le repos lui était nécessaire, il est vrai; mais le climat ne permettait point ce repos, surtout lorsqu'il allait exercer sa redoutable influence. On resta donc jusqu'au commencement d'octobre, trompé par le beau temps, qui ne cessa que le 7, et c'est alors que tous les maux fondirent sur l'armée française bientôt vaincue, non par les hommes, mais par la rigueur de la saison et du climat. Ce fut, hélas! depuis tant d'années, le premier comme le plus grand de nos revers.

Du 14 au 15 et 16, le thermomètre

marqua 16 et 18 degrés au-dessous de la glace. Les chemins furent couverts de neige ; les chevaux de la cavalerie, de l'artillerie du train, périssaient toutes les nuits, non par centaines, mais par milliers. Nous en perdîmes plus de 30,000 en peu de jours ; il fallut abandonner et détruire une grande partie de nos pièces, et nos munitions de guerre et de bouche. Cette armée, si belle le 14, était bien différente le 16. Presque sans cavalerie, sans artillerie, sans transports, nous ne pouvions nous éclairer à un quart de lieue ; cependant il fallait marcher pour ne pas être contraint à une bataille, que le défaut de munitions et de moyens de défense nous forçait d'éviter.

La division Partonaux partit la nuit de Borisow. Une brigade de cette division, qui formait l'arrière-garde, et qui était chargée de brûler le pont, partit à sept heures du soir; elle arriva entre dix et onze heures. Elle chercha sa première brigade et son général, qui la devançaient de deux heures. Tout ce que l'on a pu reconnaître depuis, c'est que cette première brigade, partie à cinq heures, s'est égarée à six, et a fait deux ou trois lieues dans une direction contraire à la marche qu'elle devait suivre; que dans la nuit, transie de froid, elle s'est ralliée aux feux de l'ennemi, qu'elle a pris pour ceux de l'armée française.

Cependant cette armée si affaiblie, si horriblement fatiguée par cinquante jours de marche, traînant à sa suite ses malades et ses blessés, avait besoin d'arriver à ses magasins. Le 30, le quartier général fut à Pluhnitz. L'armée avait essentiellement besoin de rétablir sa discipline, de se refaire, de remonter sa cavalerie, son artillerie et son matériel. Notre cavalerie était tellement démontée, qu'en rassemblant les officiers auxquels il restait à chacun un cheval, on ne put en former que quatre compagnies de cent cinquante hommes chacune. Les généraux y faisaient les fonctions de capitaine, et les colonels celles de sous-officiers.

Cet escadron sacré, commandé par le général Grouchy, et sous les ordres de Murat, sauva les derniers débris de l'armée, et protégea la retraite de ce qui restait de nos braves.

Mortal, fusilier, et ensuite grenadier au 6e régiment d'infanterie de ligne, mérita la distinction d'une arme d'honneur, par un trait d'intrépidité sans exemple. Au siége de Martoue, il travaillait à la tranchée au-dessous de la redoute du Mont-Moreau. Une bombe tombe dans la tranchée, il voit le danger, saute sur cette bombe, arrache la mèche, l'étouffe, et sauve sa propre vie en sauvant celle de ses camarades. L'adjudant-général Clément le recommande au chef de son corps, comme un militaire distingué, qui, par cette seule action, avait droit à la reconnaissance nationale. Sa moralité répondait à sa bravoure.

Le brave colonel Levasseur, commandant le 13e dragons, est privé de son régiment par ordre de Napoléon, pour une légère faute de discipline. Comme simple volontaire, il se présente à une revue de Bonaparte, et lui demande le régiment dont il l'a injustement privé. « Je n'aime pas les colonels comme vous, » lui répond brusquement Bonaparte. Levasseur lui répondit : « Ce sont les colonels comme moi qui font les empereurs comme vous. »

Dans l'armée de la Moselle, un chasseur du 26e régiment eut le bras emporté par un boulet de canon ; il le ramasse, et le portant avec sang-froid à une batterie peu éloignée : « Tenez, dit-il aux canonniers, puisque ce bras me devient inutile, mettez-le à la bouche d'un de vos canons, et envoyez-le aux ennemis. »

M. Saint-Sauveur, procureur, syndic de district, se couvrit aussi d'une gloire immortelle, par la résistance courageuse et opiniâtre qu'il opposa lors de l'invasion de la ville de la Roche-Bernard, dans la Vendée : mutilé, traîné dans les rues, ses dernières paroles furent des vœux pour sa patrie. La Convention Nationale accorda les honneurs du Panthéon à ce citoyen digne de servir d'exemple ; et elle décréta que la ville de la Roche-Bernard porterait désormais le nom de la Roche-Saint-Sauveur.

Dampierre était en sémestre dans son château, en 1785, lorsqu'il fit une action héroïque d'humanité. Un jour de fête, en hiver, à six heures du soir, tandis qu'on dansait dans le château de Dampierre, un père de famille tomba dans la rivière, que la glace commençait à couvrir, et disparut. Les cris des enfans attirèrent une foule de villageois, sans que la pitié émue osât le secourir. La nouvelle en parvint jusqu'à la salle de danse. Dampierre, en sueur, quitte ses habits, court et se précipite dans cette eau glacée, plonge trois fois sans trouver le malheureux, que le courant venait d'entraîner ; il le suit plus rapidement qu'il n'est emporté, l'atteint au moment où il va être écrasé sous les roues d'un moulin, et le retire au risque de s'y briser lui-même.

Le 14 prairial, la division Ambert, campée près Morlanter, fut attaquée par ses flancs ; le deuxième régiment, commandé par le colonel Oudinot, qui se battait à l'avancée, ne voyant pas la marche de l'ennemi, qui avait déjà trois lieues sur ses derrières, n'effectua sa retraite que quand il fut convaincu que les communications étaient interceptées, et qu'il était investi par l'armée prussienne toute entière.

Malgré les sommations de six régimens de cavalerie qui l'enveloppaient, et lui criaient de se rendre, il ne se laissa point ébranler, et arriva quarante-huit heures après les débris de l'armée à Pirmasens.

Au lieu d'avoir perdu ses drapeaux, il en ramena huit de ceux de nos troupes qui étaient dispersées, ainsi que le parc de la division, composé de quatorze pièces de campagne. De l'aveu des Prussiens même, ce régiment s'est immortalisé par cette action, qui dura deux jours, pendant lesquels on se battit constamment.

Le général en chef Moreau (de Rocroy), qui avait dû croire que les drapeaux et le régiment étaient tombés au pouvoir de l'ennemi; fut étonné de retrouver ce régiment quarante-huit heures après avoir écrit au gouvernement qu'à cent cinquante hommes près, il était fait entièrement prisonnier. Le colonel fut proclamé à sa réunion à l'armée, son régiment mis à l'ordre, et le nom du chef donné pour le ralliement.

Oudinot fut nommé général de brigade, le 20 prairial an 2.

Broussier, né en 1766, achevait ses études, lorsqu'il fut nommé capitaine dans un bataillon de la Meuse. Blessé à la jambe gauche, à Vavren, il ne voulut pas se retirer du combat; sa compagnie fut ébranlée par un feu de mitraille et de mousqueterie; il la rallia et la conduisit en marchant sur ses genoux et sur ses mains, jusqu'à ce que ses forces trahissant son courage, il resta mourant sur le champ de bataille.

Dans une des sanglantes batailles livrées en Egypte, on remarque le fait que nous allons rapporter, et qui fera juger avec quelle rage on combattait de part et d'autre. Un soldat français, dont les jambes étaient coupées, se traîna sur les deux mains pour rejoindre un mameluck expirant, et l'égorgeait. Un officier lui dit : *Comment, dans l'état où tu es, peux-tu commettre une pareille horreur ? — Vous en parlez bien à votre aise* (lui répond le soldat) ; *mais, moi qui n'ai plus qu'un moment à vivre, il faut bien que je me venge.*

Le général *Kléber* naquit à Strasbourg, en 1750, et fut élevé dans un village d'Alsace par un curé bienfaisant. Il prit à Strasbourg la défense de deux illustres étrangers, dans un combat singulier, et dut à leur reconnaissance la faveur d'être reçu élève à l'école militaire de Munich. Il fit des progrès. Un des maîtres mourut. L'élève crut pouvoir demander sa place.

Le corps de ces fiers professeurs punit la vanité du jeune homme par quelques jours de prison. S'il n'avait pas été en état de la remplir, les professeurs auraient montré moins de sévérité.

Dès les premiers instans de la bataille d'Austerlitz, le général Valhubert avait été grièvement blessé; il repousse les secours de ses frères d'armes, auxquels leur attachement pour lui faisait oublier leur devoir (1) : *Souvenez-vous de l'ordre du jour*, dit-il; *si vous revenez vainqueur, on me relevera après la bataille; si vous êtes vaincus, je n'attache plus de prix à la vie.*

---

(1) Napoléon, ayant une armée inférieure à celle des alliés, avait défendu de dégarnir les rangs, sous prétexte d'emmener les blessés.

Au siége de Gênes, le capitaine Chodron avait été fait prisonnier avec plusieurs de ses camarades. Le colonel Nadasti demande au capitaine Chodron, le chemin le plus court pour regagner le pont de Cornégliano; celui-ci, par une ruse que sa présence d'esprit lui suggère, lui indique un chemin à travers d'un jardin, le colonel s'y jette; quatre cent cinquante hommes l'y suivent. A peine y sont-ils entrés, poursuivis par le colonel Cassagne, que le capitaine Maugenon, le lieutenant Henrion, le sous-lieutenant Gauthero, et Boulogne, chasseur, qu'ils s'emparent de la porte, et crient : *Bas les armes!* Le capitaine Chodron changeant de rôle, s'écrie aussi : *Messieurs, c'est vous qui êtes mes prisonniers*. Cernés dans un cul de sac sans issue, il fallut obéir. Le capitaine Chodron avait été déshabillé par les Autrichiens. Au moment où ils se virent prisonniers à leur tour, les officiers de Nadasti, qui ne s'étaient pas opposés à la manière dont il avait été traité, vinrent leur offrir leurs montres pour qu'il les fît respecter : *Gardez vos bijoux*, leur répond ce capitaine; *je n'en ai pas besoin pour faire ce que vous n'avez pas su faire pour moi.* Un de ces officiers lui répliqua : *C'est que nous avions perdu la tête.*—*La tête!* reprit le capitaine : *On n'est pas fait pour être officier quand on peut la perdre autrement que par un boulet de canon.* Ainsi, la présence d'esprit d'un seul homme fit tourner cette entreprise à la gloire des armées françaises.

NAPOLÉON résida pendant quelques jours dans le château de Postdam. Sa garde occupait tous les postes; le service s'y faisait avec le même ordre qu'à Paris. On y trouva l'épée du grand Frédéric, le baudrier de général qu'il portait pendant la guerre de sept ans, et le cordon de l'aigle noir. Ces trophées furent déposés solennellement à Paris, dans l'hôtel des Invalides. Ils en ont été retirés en 1814, lors de l'entrée des alliés à Paris.

A la bataille d'Austerlitz, les Russes comptaient sur la victoire. Afin de les mieux tromper, Napoléon, pour la première fois, parut se défier de sa fortune. Trois cents bouches à feu vomissent la mort; deux cents mille hommes s'attaquent avec fureur; et peu d'heures après le commencement du combat, les empereurs d'Autriche et de Russie voient, des hauteurs d'Austerlitz, leur droite coupée, leur gauche séparée de son centre, et leur armée livrée à des mouvemens irréguliers, se replier en désordre sur son quartier-général. Le carnage est affreux. Bientôt la déroute est complète; colonnes entières, artillerie, étendards, tout est enlevé. On ne disputait plus la victoire, et cependant on se battait encore. Une colonne russe s'obstine à se défendre avec une opiniâtreté de courage digne d'un meilleur sort : chassée de position en position, elle se voit acculée à un lac glacé. Napoléon arrive sur le lieu avec vingt-cinq pièces de canon : la colonne ne peut éviter de mettre bas les armes qu'en se frayant un passage sur le lac; elle le tente : au même instant nos bouches à feu rompent la glace. Il ne s'agit plus de poursuivre, on voudrait pouvoir sauver de si braves ennemis; mais leur nombre, mais la précipitation de leur retraite ne fait que rendre leur perte plus certaine, et ils périssent presque tous dans les eaux, nobles victimes de leur obéissance à leur prince et de leur dévouement à la patrie.

Au camp de Fontarabie, pendant une canonnade très-vive, un obus espagnol tombe entre un de nos caissons et une pièce de huit. Deux canonniers du premier régiment d'artillerie se précipitent sur l'obus dont la fusée brûle encore : l'un coupe le feu avec son sabre; l'autre couvre de terre la mèche et l'obus au moment d'éclater. Ce trait hardi sauva les machines, les chevaux et tout le régiment.

Au combat de la prise d'Aoste, le 12 juin 1794, l'adjudant-général Almeyras mit en fuite, avec deux cents hommes qu'il commandait, quinze cents Piémontais.

Au siége de Spire, M. de Luteau, aide-de-camp du général Custine, après avoir donné le premier coup de hache dans la porte, entre dans la ville pour reconnaître les dispositions de l'ennemi; les Autrichiens l'entourent et lui crient : « Prisonnier! prisonnier! — Un aide-de-camp français ne se rend pas, reprend Luteau. » Il pique des deux; et, levant son sabre, fend le crâne à un officier maxençais qui lui avait porté un coup d'épée dans les flancs; il se jette ensuite sur les ennemis, en renverse plusieurs, et revient vers les siens à travers une grêle de balles.

A Laval, près Lens, les femmes imprégnaient des torches de paille, de graisse et de goudron. Le magistrat leur demande à quel usage elles les destinent : « Pour brûler nos maisons avant que les Autrichiens s'en emparent. »

Chéret, canonnier, a la mâchoire emportée tandis qu'il pointe un canon à l'attaque de l'île du fort Vauban. Avant d'être guéri de sa blessure, il sollicite une permission de retourner au combat. « Ai-je donc besoin, s'écrie-t-il, de mâchoire pour me battre? J'ai deux bras et la vue bonne, c'est assez pour pointer un conon et abattre plus d'une mâchoire ennemie. »

Au siége de Nicopolis en Epire, un enfant de douze ans, tambour des grenadiers de la 6e demi-brigade, surpris par un groupe d'ennemis, tombe vivant entre les mains des mamelucks; ils se disposent à lui trancher la tête; le fatal yatagan brille déjà sur lui. A cette vue l'enfant s'écrie d'une voix forte : *Vivent les Français !* et sa tête roule sur la poussière.

Lorsque le brave d'Elbée, l'un des meilleurs généraux vendéens, fut forcé de capituler après les désastres de Noirmoutiers, il était blessé dangereusement ; on pensa, en lui promettant la vie, que l'on obtiendrait de lui des révélations importantes : on le questionna sur la situation politique des Vendéens, sur leurs projets et leurs ressources. *Général*, répondit d'Elbée, *vous n'avez pas sans doute espéré tirer de moi le secret de mon parti ? Que d'autres achèvent de se déshonorer ; quant à moi, j'ai déjà prouvé que je ne redoutais pas la mort.* Le lendemain il fut condamné avec sa femme et plusieurs de ses compagnons. Il fut porté mourant, dans un fauteuil, au lieu de l'exécution, t le dernier cri que ce brave soldat fit ntendre, fut celui de *Vive le Roi !*

A la prise de Gênes, les Français yant éprouvé quelques échecs, et eurs forces ayant été épuisées, le énéral Abilas envoya son chef d'état-najor au général Soult, pour le somner de se rendre, lui faisant observer u'étant cerné par des forces très-suérieures, toute défense devenait inuile; *qu'à la connaissance de tout le nonde, il n'avait ni vivres, ni cartouhes.* Soult lui répondit : *Avec des aïonnettes et des hommes qui savent 'en servir, on ne manque de rien.*

C'EST aussi à cette affaire que le énéral Masséna, voyant quelquefois a chance tourner contre nous, s'é-riait à plusieurs reprises : *Comment! as une balle pour moi !*

A la bataille de Hohenlinden, les Autrichiens réunissent trois bataillons de grenadiers hongrois, qui, formés en colonnes serrées, s'avancent au pas de charge. Dans ce moment décisif, le général Richepanse se retourne, fixe l'œil du soldat; il étincelle. Sûr de ces braves, il leur dit : *Grenadiers de la 48e, que dites-vous de ces hommes-là — Général, ils sont morts!* A ces mots, ils se précipitent; l'ennemi est culbutté, l'impulsion donnée; la colonne renverse comme un torrent toutes les masses qui lui sont opposées.

UN maréchal de logis du 8e régiment de dragons, ayant eu le poignet emporté, dit, devant le général Murat, au moment où il passait : « Je regrette ma main, parce qu'elle ne pourra plus tuer d'ennemis. »

A l'attaque du village de *Pfarres-*

'eldehen, les ennemis enlevèrent le !rapeau du 9e régiment d'infanterie égère; mais à l'aspect de l'affront dont e brave régiment allait être couvert, es soldats animés d'une ardeur inconevable, se précipitent sur l'ennemi, e mettent en fuite, et resaisissent leur rapeau.

La monarchie prussienne avait été resque renversée en moins de six seiaines, quand les Russes vinrent enn à son secours. On remarqua cette hrase dans une proclamation de l'emereur Alexandre : « Sachez que la ictoire pour nous ne tient plus qu'à ort peu de chose, et que l'armée usse n'*éprouve plus de frayeur à la ue des Français.* »

Le maréchal des logis au second égiment d'artillerie à cheval, nommé *Daspet*, fils d'un maître d'école de

Grenade, département de la Haute-Garonne, eut le bonheur de se distinguer à la bataille d'*Eylau*; Bonaparte lui accorda la récompense des braves, la croix de la légion d'honneur. A peine décoré de cette marque distinguée, *Daspet* prend une plume, et, dans la joie de son âme, il écrit à son père la lettre suivante, que nous rapportons textuellement.

« Mon père,

» Je suis membre de la légion d'honneur, vous en toucherez la pension, qui est de deux cent cinquante francs. Parbleu! si Napoléon me paye parce que j'ai fait mon devoir, il faut bien que j'en fasse part à ceux à qui je dois la vie. Mon plus grand désir est de vous être utile. Mon vœu commence à s'accomplir, et je m'en félicite. Adieu, mon père, comptez toujours sur la plus tendre amitié de votre fils DASPET. »

Le comte Lasalle, général de division, était issu d'une famille noble de Metz, et né dans cette ville en 1776, mort à la bataille de Wagram le 6 juillet 1809. En 1786, il était déjà officier dans le régiment d'Alsace.

En Italie, à la tête de dix-huit cavaliers, il charge cent hussards autrichiens qui cèdent à l'impétuosité de dix-huit hommes électrisés par leur chef; emporté par une ardeur que l'âge et l'ivresse du succès ne lui permettent pas de modérer, il s'abandonne, s'égare, se trouve seul au milieu de quatre hussards qui se précipitent sur lui; il pouvait se rendre sans manquer à son devoir ni à l'honneur. *Vaincre* ou *mourir* est sa devise; il combat ses adversaires, les blesse tous les quatre, et rejoint sa petite troupe qui le croyait perdu.

A la bataille de Rivoli, l'ennemi

occupait un plateau qui dominait la plaine. Lasalle est chargé de le chasser; cette tâche était aussi périlleuse qu'honorable. L'ennemi est chassé de position en position, et le modeste vainqueur revient chargé de drapeaux qu'il présente au général en chef, qui lui dit : *Reposez-vous Lasalle, sur ces drapeaux, vous l'avez bien mérité.*

En Italie, dans un combat meurtrier, il eut quatre chevaux tués sous lui; il rompit sept sabres sur les ennemis.

Le 29 octobre 1806, Lasalle, à la tête de deux régimens de cavalerie, attaque une place fortifiée, Stettin, ouvre ses portes : une garnison de six mille hommes et cent pièces de canon tombent au pouvoir du vainqueur. Ce fait d'arme paraîtra incroyable à la postérité.

A la bataille d'Heilsberg, par un de ces hasards inexplicables, mais fréquens à la guerre, le grand duc de Berg est enveloppé de douze dragons russes. Lasalle n'a ni le temps de réfléchir ni de donner des ordres ; son cœur le pousse, l'entraîne ; il se détache seul, fond sur les ennemis avec la rapidité de l'éclair, tue l'officier qui commande le détachement, et met les onze dragons en fuite.

Peu d'heures après, Lasalle oublie qu'il est officier général, et s'abandonne à son impétuosité : il est enveloppé à son tour ; la mort plane sur sa tête ; le grand Duc s'élance ; il dégage Lasalle, et lui dit, en lui serrant la main : *Général ! nous sommes quittes.*

En Espagne, à la tête de sept mille hommes, il défait entièrement l'armée espagnole forte de vingt-sept mille.

Chargé de l'administration des contrées qu'il avait conquises dans ce malheureux pays, il y fit aimer le nouveau gouvernement. Ce n'était plus cet homme terrible au combat; la persuasion coulait de ses lèvres et l'urbanité se peignait sur la physiosomie; la délicatesse et l'honneur étaient la règle de sa conduite et lui gagnèrent tous les cœurs.

Au combat terrible de Medina-del-rio-Secco, l'armée espagnole, forte de quarante mille hommes, attaque les Français au nombre de douze mille: le succès fut long-temps incertain; mais le duc d'Istrie, qui commandait en chef, ordonna à Lasalle de faire une charge de cavalerie avec les 10e et 22e de chasseurs à cheval: il attaque; il prodigue sa vie comme un simple soldat: les Espagnols se rompent et laissent six mille hommes sur le champ de bataille; peu de jours après, Lasalle fut nommé grand officier de la légion d'honneur.

Quelques jours avant d'être tué, il écrivait à sa femme : *Mon cœur est à toi, mon sang à ma patrie, ma conduite à l'honneur.*

Au combat de *Vavres*, le 18 juin 1815, jour de la malheureuse affaire de *Waterloo*, le 44e régiment de ligne, faisant partie du corps d'armée du maréchal Grouchy, reçut ordre de son général de passer la *Dyle* : le passage était défendu par toute l'artillerie prussienne; les boulets et la mitraille faisaient un ravage affreux dans les rangs de nos soldats. Le brave colonel du 44e voit un moment d'hésitation; il saisit le drapeau de son régiment, il le lance de l'autre côté du rivage, et, se jetant à l'eau, crie à ses soldats : « *Mes amis, laisserez-vous votre drapeau au pouvoir de l'ennemi?* » Tout le régiment suit son colonel, qui est tué de l'autre côté du rivage.

Le brave *Chipault*, chef d'escadron dans le 4e régiment de cuirassiers, reçut cinquante-deux blessures dans la seule affaire d'Heilsberg; il eut le bonheur d'en guérir, et de pouvoir encore servir sa patrie.

Luard, fusillier au 50e régiment d'infanterie de ligne, était aussi brave sur le champ de bataille que prompt à secourir le malheur. Un général de brigade, attaqué par un corps russe très-fort, fut obligé, pour opérer ses manœuvres, de traverser la rivière de Muthen. La rapidité du courant l'entraîne; il lutte long-temps contre les flots, mais enfin ses forces s'épuisent;

il va périr. *Luard* a combattu tout le jour, il a fait une marche forcée, il est lui-même accablé; n'importe, il s'agit de la vie de son général, d'un Français, d'un homme enfin. *Luard* quitte son sac au risque de le perdre, confie son fusil à son camarade, se jette à l'eau tout habillé, nage, atteint le général, le saisit et lui sauve la vie.

Après le passage de la Prégel, vis-à-vis Wehlau, un tambour fut chargé par un Cosaque, et se jeta ventre à terre; le Cosaque prend sa lance pour en percer le tambour, mais celui-ci conserve toute sa présence d'esprit, tire à lui la lance, désarme le Cosaque, le poursuit, l'atteint et le fait prisonnier.

A la journée d'Heisberg, le 10 juin, le grand duc de Berg passa sur la ligne de la 3e division de cuirassiers, au moment où le 6e régiment de cuirassiers venait de faire une charge. Le colonel d'Avenay, commandant de ce régiment, son sabre dégoûtant de sang, lui dit avec la noble fierté d'un héros : « Prince, faites la revue de mon régiment, vous verrez qu'il n'est aucun soldat dont le sabre ne soit comme le mien. »

On admira toujours le courage héroïque du chevalier d'Assas, lieutenant au régiment de Champagne, dont le trépas volontaire sauva notre armée. Le même dévouement s'est renouvelé au fameux siége de Dantzick. Un simple soldat, nommé Fortunas, chasseur dans le 12e régiment d'infanterie légère, s'étant porté en avant lors de l'attaque d'une île dans la Vistule, se trouva au milieu d'une colonne de Russes qui criaient : « Ne tirez pas, nous sommes Français. » Menacé d'être tué à l'instant s'il parlait, il s'écrie : *Tirez, tirez, mon capitaine; ce sont les Russes.*

A la bataille de Zurich, qui fut livrée le 3 vendemiaire an VIII, *Amand*, simple soldat, se distingua par un grand acte de dévouement, et s'élança seul au milieu d'un bataillon ennemi, enleva le drapeau, tua trois hommes qui cherchaient à le défendre, et bientôt après, secondé par quatre de ses camarades, il fit mettre bas les armes à quatorze officiers et à cent soixante-trois soldats : il fut membre de la légion d'honneur, et mourut à Alexandrie.

La belle action que nous allons rapporter couvre de gloire les soldats Français qui ont eu le bonheur de pouvoir y prendre part. Les généraux Lauray et Ali-Aga attaquèrent et mirent en déroute un corps de Monténégrins et de Russes, le 13 juin 1807, veille de la mémorable journée de Friedland. Les troupes vaincues cherchaient à s'échapper par une petite plaine, sur les bords de la Trebiliza. Alors la cavalerie turque se précipite dans cette plaine, au milieu des fuyards, et en fait un horrible carnage. Les troupes françaises accoururent et sauvèrent des mains des cavaliers turcs, soixante Russes, moyennant un sequin par homme, que donnèrent avec joie tous ceux des soldats français qui se trouvèrent à même de pouvoir coopérer à cet acte d'humanité.

Le général de division Reynier, refusa cent mille florins, que lui proposait l'envoyé du margrave de Baden, pour diminuer d'un million la contribution exigée. Le député de la ville de Bruxhall lui fit une offre semblable

« Puisque vous pouvez, lui dit le général Reynier, m'offrir une pareille somme, vous n'avez qu'à l'ajouter à votre contribution ; » et il fit en effet payer cette augmentation par la ville, au profit de l'armée.

Ce fut dans le combat très-vif qui eut lieu sur les hauteurs en avant de Neubourg, que le brave La Tour-d'Auvergne, premier grenadier des armées de France, tomba percé d'un coup de lance au cœur. Moreau, honorant la mémoire de ce digne descendant de Turenne, ordonna qu'il lui serait élevé un monument, au lieu même où il avait trouvé une mort glorieuse, et que son nom serait conservé à la tête du contrôle de la compagnie de la 46e demi-brigade où il avait choisi son rang.

Le 46e régiment, autrefois Auvergne, qui s'honore d'avoir eu dans ses rangs le brave La Tour-d'Auvergne, et qui en conserve le cœur, fait célébrer tous les ans une messe solennelle pour l'anniversaire de ce guerrier estimable.

Bourel, maréchal des logis au 18e régiment de chasseurs à cheval, se distingua dans beaucoup d'affaires, et notamment à celle de *Kreusenach*, où étant sous les ordres du général Moreau, il chargea avec une rare intrépidité les dragons de Waldeck, en tua un sur le champ de bataille, et poursuivit ce régiment jusqu'aux portes de la ville que défendaient des troupes hessoises. Là, il engagea un nouveau combat, fit prisonnier l'officier supérieur qui commandait les Hessois, et contribua à faire mettre bas les armes à quatre cents hommes de cette troupe.

Après la paix avec l'Espagne, les

Anglais prirent La Tour d'Auvergne sur un vaisseau qui le ramenait en Bretagne. Ils voulurent le forcer, avec d'autres Français, à quitter la cocarde nationale; mais il résista seul aux instances impérieuses des Anglais. Il enfila sa cocarde jusqu'à la garde de son épée, menaçant de la pointe celui qui ferait le moindre signe de vouloir l'arracher. Le premier consul lui donna un sabre d'honneur.

Le général Brune gagna en Hollande une célèbre bataille contre les Anglais et les Russes. Après cette bataille, nos soldats qui n'avaient pas mangé depuis sept heures du matin, portaient les Anglais blessés dans les hôpitaux. La belle réponse d'un de nos grenadiers, mérite d'être citée. « Pourquoi, soldat, t'amuses-tu à ramasser ces gens-là ? lui dit un militaire indigne d'être Français; il est temps d'aller manger la soupe. — A-t-on faim, lui répond le grenadier, quand il s'agit de rendre service? »

Après la mémorable affaire d'Austerlitz, Napoléon parcourut le champ de bataille qui était jonché de morts et de blessés; il rencontre un grenadier de la vieille garde, qui avait eu la jambe emportée, et à qui on n'avait pas encore fait l'amputation, quoique ce malheur lui fût arrivé la veille. Napoléon lui dit, en le faisant porter à l'ambulance : « Depuis quand es-tu dans ce misérable état? — Je souffre depuis le commencement de la bataille, je suis abandonné, mais j'ai bien fait mon devoir. »

Dans le combat de Kayserslautern, le général Beurnonville fit observer la discipline la plus sévère; et la gloire de l'armée française eût été pure, si quelques hommes perdus de mœurs ne se fussent trouvés dans les rangs des braves. Il fut très-bien secondé par les officiers de son état-major, et particulièrement par l'adjudant-commandant Cochorn. Il conduisait une colonne, lorsqu'il aperçoit un corps de chasseurs à cheval, se livrant au pillage dans une terre amie. Il leur reproche leurs vols et leur indiscipline. On lui répond par des outrages et des murmures; il leur ordonne de cesser le pillage, menaçant de brûler la cervelle à celui qui refurait d'obéir : on lui résiste, il ſait ſeu. Un des pillards tombe mort, un autre est blessé, le pillage cesse. Trois jours après Cochorn se trouve à la tête du même corps; il entend plusieurs chasseurs murmurer dans les rangs : c'est lui...

c'est lui... — « Eh ! bien oui, c'est moi. Ne vous en prenez à personne de la mort de votre camarade ; c'est moi qui ai fait mon devoir, et je suis prêt à punir de même quiconque déshonorera le nom français par des crimes. Si quelqu'un de vous veut venger la mort de ce brigand, me voilà prêt ! » En même temps il baisse son sabre, jette son pistolet, et semble défier les mutins. Quelques furieux tombent sur lui ; couvert de blessures, il est dégagé par les officiers. Ces misérables sont condamnés à être fusillés, la discipline se rétablit, et les citoyens trouvent des protecteurs dans les soldats soumis à une sévère discipline. Ce trait de courage, qui fait le plus grand honneur aux officiers français, est arrivé le 26 octobre 1796.

Dans le fameux siége de Lyon,

si mémorable par le dévouement des Lyonnais, les femmes se montrèrent aussi courageuses que les hommes; vers la fin du siége, les horreurs de la famine se faisant sentir de toute part, et la ville se trouvant dans le dénûment le plus affreux, les femmes, voyant que les moulins avaient été détruits par le bombardement, proposèrent toutes que le pain de seigle et de froment serait réservé pour les combattans, pendant qu'on leur distribuerait à chacune une demi-livre de pain d'avoine par jour.

A la prise de Namur, Brot, soldat au 43e régiment d'infanterie de ligne, ayant eu la cuisse emportée par un boulet, un de ses camarades vint pour le prendre et le porter à l'ambulance afin de le faire panser. Ce brave militaire lui dit avec sang-froid : « Ne me comptez plus au nombre des vivans, vos soins seront mieux employés à défendre nos autres frères. » Il resta sur le champ de bataille jusqu'à la fin du combat, et quand il apprit que les Français étaient vainqueurs, il dit à un de ses camarades : « A présent je veux bien qu'on me panse ; mais si nous avions été battus, je n'aurais rien fait pour vivre encore. »

Desaix répondit à l'amiral Keith, qui eut l'indignité de lui offrir vingt sols par jour pour sa table, en ajoutant avec une cruelle ironie, que l'égalité, publiée en France, voulait qu'il ne fût pas mieux traité que ses soldats : « Je ne vous demande rien que de me délivrer de votre présence ; j'ai traité avec les Mamelukes, les Turcs, les Arabes du grand désert, les Ethiopiens, les Tartares, les noirs de Darfour, tous respectaient la parole qu'ils avaient donnée, et ils n'insultaient pas aux hommes dans le malheur. »

DESAIX revoit enfin les rivages de France; il apprend que Bonaparte combat en Italie: « Ordonnez-moi de vous rejoindre, lui écrivit-il; général ou soldat, qu'importe, pourvu que je combatte; un jour sans servir la patrie est un jour retranché de ma vie. »

A la fin de la bataille de Marengo, le lieutenant d'artillerie Conrand a la jambe emportée d'un boulet; il se soulève pour observer le tir de sa batterie, les canonniers veulent l'arracher du champ da bataille... Il s'y refuse obstinément; et, loin de s'occuper de sa blessure, il criait à ses canonniers: « Servez votre batterie, et ayez soin de pointer un peu plus bas. »

Brabant, grenadier à pied, homme d'une force et d'un courage extraordinaires, qui avait servi dans l'artillerie, trouve une pièce de quatre abandonnée et renversée ; il la relève seul, la charge et la tire pendant plus d'une heure. Sur ces entrefaites, il a la main droite emportée, comme il avait encore un coup à tirer. « C'est égal, dit-il ; messieurs les ennemis, vous n'aurez pas moins la dragée. » Et il mit le feu à sa pièce de la main gauche.

A la bataille de Mœskirck, le cinquante-septième fit des prodiges de valeur si étonnans, que le lendemain de l'affaire, le général en chef parcourant le terrain où cette troupe de braves avait combattu, leur dit : « Si votre conduite en Italie ne vous avait mérité dès long-temps le nom de *terribles*, les Autrichiens vous l'auraient donné à la bataille de Mœskirck. »

La guerre de la Vendée a enfanté des héros de tous les âges et de toutes les conditions ; le fils d'un pauvre vannier, à peine âgé de douze ans, eut le courage de se traîner à plat ventre, sous une pièce de canon, et de l'enclouer. Il dit en retournant : *J'ai encloué Marie-Jeanne* ; c'est ainsi que les Vendéens appelaient une pièce de canon.

Un vieux soldat à qui l'on vint annoncer que le troisième fils d'un de ses amis venait d'être coupé en deux par un boulet de canon, répondit froidement : « Ils sont tous heureux dans cette famille-là. »

La première place assiégée en 1792, par les puissances coalisées contre la France, fut Thionville : investie le 24 août, par les Prussiens, le duc de Brunswick la somma de se rendre.

M. de Wimphen, qui était gouverneur de cette place, répondit au duc de Brunswinck ces paroles pleines de courage : « Vous pouvez tout mettre à feu et à sang dans Thionville, vous pouvez y commettre toutes les horreurs ; mais vous ne ferez faire, ni à moi, ni à ceux que je commande, une lâcheté. »

A la bataille de Terai, livrée en décembre 1798, un soldat français nommé Durand, se précipita seul sur une pièce de canon, fendit la tête à cinq Napolitains qui la servaient, et s'en empara. Voyant la fureur martiale qui l'anime, le capitaine des canonniers napolitains, lui offre sa bourse pour arrêter son courage ; le soldat français la refuse en disant : « Un soldat français ne se bat point pour de l'argent. » Le capitaine lui offre son épée : « Gardez-là, lui répondit le soldat, pour l'offrir à mon capitaine ; c'est à lui à qui elle appartient. » Le Napolitain conserve son épée ; mais un moment après il profite de la sécurité du soldat, dont il était le prisonnier, et le frappe par derrière ; sa mort est aussitôt vengée, mais la demi-brigade regrette un guerrier généreux, victime d'une infâme trahison.

Au passage du Danube, dans la campagne de 1809, le duc de Montébello eut la cuisse emportée ; il avait perdu connaissance ; la présence de Napoléon le fit revenir. Il se jeta à son cou en lui disant : « Dans une heure vous aurez perdu celui qui meurt avec la gloire d'avoir été votre meilleur ami. » On lui fit l'amputation, et l'on osa se flatter assez pour croire que l'on n'avait rien à craindre pour sa vie ; on se trompait : huit jours après, Montébello avait vécu. Ses blessures étaient en bon état ; mais une fièvre ardente ayant fait en peu d'heures les plus funestes progrès, tous les secours de l'art devinrent inutiles. Napoléon se montra très-sensible à cette perte, qui fut ressentie de tous les Français.

Cependant, plein du souvenir d'un guerrier qu'il regarda toujours comme son ami, Napoléon avait décrété que, le jour de l'anniversaire de la bataille de Wagram, des honneurs funèbres seraient rendus aux dépouilles mortelles du duc de Montébello ; et, le 6 juillet, le corps du maréchal, qui avait été déposé aux Invalides, fut transporté au Panthéon. S. M. Louis XVIII vient de nommer pair de France le fils du maréchal

Lasne ; ce qui prouve que ce monarque sait apprécier le courage et récompenser tous les genres de services.

A la prise de Verdun par les Prussiens, en 1792, le colonel Beaurepaire, voyant que les habitans étaient résolus de se rendre, se brûla la cervelle dans le conseil. Le général Lemoine s'enferma dans la citadelle, et soutint, avec le brave Marceau, un bombardement de quinze heures. Enfin la ville se rendit. Le général Lemoine ne sortit de la citadelle qu'à condition qu'on lui laisserait emporter ses armes, ses bagages, deux pièces de canons de quatre avec leurs caissons, et un fourgon pour y transporter le corps de Beaurepaire. Marceau perdit à ce siége, ses équipages, ses chevaux, son argent. Que voulez-vous que l'on vous rende ? lui dit un représentant : « Un sabre nouveau pour venger notre défaite, » répondit Marceau.

A la bataille de Torfou, donnée le 29 septembre 1793, Schouardier, lieutenant-colonel des chasseurs de Saône-et-Loire, donna une preuve de dévouement sans exemple. Le général Kléber, qui voulait se rendre maître d'un ravin, fait appeler Schouardier, et lui dit : « Prends une compagnie de grenadiers, arrête l'ennemi devant un ravin ; tu te feras tuer, et tu sauveras tes camarades. » — Oui, mon général, » répondit cet officier avec une soumission héroïque. Schouardier fait volte face, pose deux pièces de huit dans le défilé, les fait servir avec vivacité, demeure long-temps immobile dans ce poste périlleux, *et y meurt avec cent de ses compagnons.* La traite des Français fut assurée.

Un grenadier de la vieille garde dit un mot assez plaisant. Un Russe lui dit qu'il combattait avec plaisir contre les Français, pour la défense de sa patrie. Le grenadier, en jetant ses regards sur ces déserts affreux couverts de neige et de glace, dit en riant à ses camarades : « Ils appellent ça une patrie ! »

A l'affaire de Montereau, en 1814, un régiment de dragons d'Eapagne et des gardes nationales bretonnes, qui voyaient le feu pour la première fois, rivalisèrent de sang froid avec la vieille garde, et décidèrent la retraite du prince de Wurtemberg, qui l'opéra avec une perte énorme en traversant Montereau au milieu du feu qui partait de toutes les maisons, et qui pava les rues de cadavres entassés.

Après les terribles combats de

Montmirail et de Champ-Aubert, le gouvernement voulant donner à Paris le spectacle d'une sorte de triomphe, on fit entrer en plein jour le général Alsufieff et d'autres officiers de marque; on y promena, le 18 février, le long des boulvards, une colonne de six mille prisonniers. Les Français, qui ne voient plus que l'homme dans l'ennemi malheureux et désarmé, se signalèrent en cette occasion d'une manière d'autant plus noble, que ce même ennemi traitait nos campagnes, et aurait probablement alors traité Paris avec beaucoup moins d'humanité. Toutes sortes de secours furent prodigués à cette colonne : on crut dans le temps que le gouvernement en avait été plus surpris que satisfait, et que ce n'était pas là l'effet qu'il avait voulu produire.

Au siége de Paris, un détachement

de jeunes conscrits, qui se battaient pour la première fois, reprit trois fois le bois de Romainville à la baïonnette.

Au même siége, quatre cents grenadiers de la vieille garde, placés en tirailleurs, protégeaient les troupes légères qui étaient sur les hauteurs de Montmartre; mais ces braves, attaqués par deux régimens de cavalerie, et forcés de se former en carré pour les recevoir, après en avoir soutenu et repoussé deux charges, furent enfoncés et dispersés à la troisième, et l'ennemi s'élança sur la montagne. La garde nationale qui en occupait aussi le sommet, résista encore quelques instans, et repoussa la première charge; voyant néanmoins les forces supérieures accourir de tous côtés, elle rentra dans Paris vers six heures du soir avec ce qui restait de troupes, ramenant deux canons après avoir encloué les quatre autres. Le maréchal Moncey, qui avait ordonné cette retraite, resta hors de la barrière, exposé au feu des ennemis, jusqu'à ce qu'il ne vît plus un seul garde national.

Le même jour, cinquante hommes de la vieille garde qui, encore étaient presque tous estropiés, gardaient le pont de Neuilly. A deux heures, ils avaient été attaqués par deux mille hommes et quatre canons. Sommés plusieurs fois de se rendre, ils répondirent toujours que les Russes devaient savoir que la vieille garde, même en nombre inférieur, n'avait jamais blanchi devant eux, et ils conservèrent le pont, qu'ils n'abandonnèrent que le lendemain matin, quand ils apprirent la capitulation de Paris.

A la bataille de Fleurus, le 16

juin 1815, vers les sept heures du soir, les Français étaient maîtres des villages de Saint-Amand, de Ligny et autres; mais les Prussiens conservaient encore leurs positions en arrière du ravin : ce fut dans cet instant que Bonaparte, qui, dès le commencement de l'affaire, avait manœuvré de manière à pouvoir, quand il en serait temps, porter des forces majeures au-delà de ce ravin, afin de chasser des hauteurs du moulin de Bussi les masses prussiennes qui les occupaient, dirigea sa garde et toute sa réserve sur le village de Ligny. Ce mouvement hardi, dont ce qui s'était passé à la gauche avait jusqu'alors empêché l'exécution, avait pour but d'isoler entièrement du reste de leur armée la droite des Prussiens qui se trouvait derrière Saint-Amand, et de lui fermer la retraite sur Namur.

Toute la vieille garde s'ébranla au pas de charge, soutenue par une nombreuse cavalerie et une artillerie formidable, traversa le village et s'élança dans le ravin, qu'elle franchit au milieu d'une grêle de mitraille; alors le feu qui avait paru se ralentir un instant, recommença avec une violence inouie; un affreux combat s'engagea au moment où, sortie du ravin, la gauche aborda à la baïonnette les carrés prussiens, qui soutinrent le choc en déterminés; mais rien ne put résister à l'impétuosité des grenadiers français, qui partout se frayèrent un chemin par le plus horrible carnage. Des charges de cavalerie s'exécutèrent en même-temps de part et d'autre, et déterminèrent une mêlée épouvantable; enfin, après la résistance la plus opiniâtre et la défense la plus acharnée, les Prussiens, enfoncés de toutes parts, se retirèrent en nous abandonnant le champ de bataille couvert de morts, de blessés, de prisonniers, et de quelques bouches à feu. La garde prit aussitôt possession des plateaux qu'ils venaient de quitter, et la cavalerie se mit à leur poursuite.

A la bataille du Mont-Saint-Jean, le 18, il était près de sept heures, Bonaparte qui, jusque là, était resté sur le plateau où il s'était placé, et d'où il voyait très-bien ce qui se passait, contemplait ce spectacle avec un grand calme. Nos soldats tombaient par milliers, Bonaparte envoyait toujours des troupes fraîches, et quand on venait lui dire que sur différens points l'affaire était très-mauvaise, et que les troupes paraissaient ébranlées, il disait, pour toute réponse, *en avant! en avant!*

Un général le fit prévenir qu'il se trouvait dans une position à ne pouvoir tenir, parce qu'il était écrasé par une batterie; il lui demandait en même temps ce qu'il devait faire pour se soustraire au feu meurtrier de cette batterie: « S'en emparer, » répondit-il, et il tourna le dos à l'aide-de-camp.

Quand Bonaparte crut convenable de décider du sort de la bataille de Mont-Saint-Jean, il s'y dirigea avec sa vieille garde. Les vieux guerriers abordèrent le plateau avec l'intrépidité qu'on devait en attendre: toute l'armée reprend vigueur, le combat s'allume sur toute la ligne, la garde charge à diverses reprises; mais ces efforts sont constamment repoussés. Foudroyés par une artillerie épouvantable, et qui semble se multiplier, ces invincibles guerriers, voient leurs rangs s'éclaircir sous la mitraille, ils lés resserrent promptement et avec sang-froid : ils marchent toujours sans être intimidés ; rien ne les arrête que la mort ou des blessures graves ; mais l'heure de la défaite a sonné, des masses énormes d'infanterie, soutenues par une cavalerie immense, à laquelle nous ne pouvions plus en opposer, puisque la nôtre était entièrement détruite, fondent sur eux avec fureur, et, les entourant de tous les côtés, les somment de se rendre. Lord Wellington, qui sait estimer la bravoure, leur fait dire aussi de se rendre, et qu'il les traitera comme les premiers soldats du monde. Ils répondent : « Que la vieille garde meurt, mais qu'elle ne se rend pas. » En en effet, presque toute la garde périt au Mont-Saint-Jean (le 19 juin 1815.) On n'a qu'une chose à regretter, c'est que tant de braves soient morts pour un seul homme, au lieu de mourir pour la patrie.

Le jour de l'entrée du Roi dans sa capitale, le 8 juillet 1815, un grenadier, voyant l'enthousiasme avec lequel il était reçu, se mit à pleurer, et dit, en essuyant ses yeux : « C'est fini, on n'y peut pas tenir. »

Dans le mois d'août 1815, un grenadier de la vieille garde rencontra un soldat de la ligne qui n'avait pas de cocarde blanche à son schako : « Camarade, lui dit-il en lui frappant sur l'épaule, c'est sans doute par oubli que vous n'avez pas de cocarde ? » Et au même instant il détacha celle qu'il avait à son bonnet, la partagea en deux, en donna la moitié au militaire qui, de suite, la plaça à son schako.

Napoléon avait un amour-propre

au-dessus de tout ce qu'on peut dire. Un officier anglais, blessé et prisonnier, lui fut amené; il prit près de lui quelques informations, et lui demanda, entre autres choses, quelle était la force de l'armée anglaise. L'officier lui dit qu'elle était fort nombreuse. et qu'elle venait de recevoir soixante mille hommes de renfort. « Tant mieux, dit-il, plus il y en aura, et plus nous en battrons. » Il fit partir plusieurs estafettes avec des dépêches qu'il dictait à un secrétaire, et répéta plusieurs fois avec distraction : « Qu'ils n'oublient pas de dire partout que la victoire est à moi. »

A la bataille de Mont-Saint-Jean, il y eut dans l'armée française de l'hésitation et de vives inquiétudes; quelques batteries démontées se retirèrent; de nombreux blessés se détachaient des colonnes, et répandaient l'alarme sur l'issue de la bataille ; un silence profond avait succédé aux cris de joie et aux acclamations des soldats, sûrs de marcher à la victoire. On voyait, à l'exception de l'infanterie de la garde, toutes les troupes engagées et exposées au feu le plus meurtrier : l'action se prolongeait toujours avec la même violence, et cependant elle n'amenait aucun résultat. Dans cette affreuse position, le courage des soldats français ne s'est pas démenti ; il faudrait écrire un volume, si l'on voulait retracer les belles actions que cette affreuse et mémorable journée vit éclore.

Les soldats français, en contemplant les Ecossais et leur singulier costume, disaient en riant que c'était des sans-culottes.

Monsieur, comte d'Artois, colonel des gardes nationales de France, a dit une infinité de choses aimables, comme prince, comme français, et comme militaire. Dans un voyage qu'il fit à Cherbourg, il se trouvait dans une petite chaloupe ; un garde national, voulant entrer dedans, fit un faux pas et tomba sur la poitrine du prince, qui lui dit avec une grâce inexprimable : « Restez-là, mon ami, vous ne pouviez mieux faire que de tomber sur mon cœur ; c'est la place de tous les Français. »

Monseigneur le duc de Berry, ayant entendu un soldat qui criait vive l'empereur ! s'approche et dit à ce vieux militaire : « Pourquoi cries-tu vive l'empereur ? — « C'est parce qu'avec lui nous allions à la victoire, » répondit celui-ci. « Parbleu !

s'écria le duc de Berry, qui est-ce qui n'irait pas avec des gens comme vous ?..... ».

Sa Majesté Louis XVIII, lors de sa première entrée, dit à MM. les maréchaux de France : « Messieurs les maréchaux, c'est sur la valeur française que je veux m'appuyer désormais ; ainsi c'est vous qui me soutiendrez. »

Un officier français ayant eu les deux jambes emportées par un boulet de canon, les fit enterrer à l'endroit même où il les avait perdues ; ensuite il leur éleva un petit monument, et grava dessus ces quatre vers :

« Passans les plus ingambes,
» Ne faites pas les forts,
» Là, reposent mes jambes
» En attendant mon corps. »

Un soldat proposait à son camarade

de boire un verre de vin par chaque victoire des armées françaises : « Tu veux donc que nous restions sous la table ? » lui répondit ce brave.

Un autre se trouvant sur le point de perdre son drapeau, s'entortilla dedans, en s'écriant : Puisque je le perds, je ne retournerai pas au camp sans lui, et préféra se laisser prendre.

Un autre plus courageux, après avoir défendu son drapeau avec une intrépidité sans exemple, se vit forcé de l'abandonner ; il demanda la permission de l'embrasser ; et, quand il eut fait, il se brûla la cervelle en disant : « Quand on a perdu son honneur, on n'a plus besoin de la vie. »

Eglin, caporal dans la 9e compagnie d'ouvriers du corps d'artillerie, donna, à la bataille de Permsine, la preuve d'un grand courage. Les timons rompus de deux caissons allaient forcer la compagnie d'artillerie légère de les abandonner sur le champ de bataille. Eglin, secondé par un de ses camarades, nommé Gorsier, canonnier, court au parc chercher deux timons de rechange, les reporte sur le champ de bataille, et, malgré le feu de l'ennemi, se met au travail avec autant de sang-froid que s'il eut été dans son atelier, replace les deux timons, et parvient ainsi à sauver les deux caissons.

Voici un fait, dont, sans exagération, on ne trouve d'exemple que dans les armées françaises. Coste, caporal des chasseurs à pied de la vieille garde, apercevant que le porte-drapeau de la 18e demi brigade à laquelle il appartenait, se trouvait enveloppé par des hussards ennemis, dont le nombre allait l'accabler, vole seul à son secours, fait face à l'ennemi, l'arrête, tue deux hussards, en blesse plusieurs autres, contraint le reste à prendre la fuite, délivre son officier, sauve le drapeau; c'est peu : il voit qu'un corps de Français, obligé de se replier, est forcé de passer sous les tours de Neukirken, que les ennemis y sont en force, et peuvent incommoder les Français à leur passage; n'écoutant que son intrépidité, il se fait suivre de quelques-uns de ses camarades, court à l'entrée de la ville, brave une grêle de balles que l'on fait pleuvoir sur lui, s'empare des portes, les ferme, empêche ainsi les ennemis d'exécuter la sortie qu'ils méditaient, et par ce trait d'une audace inconnue jusqu'à nos jours, facilite la retraite de ses compatriotes, qui s'effectue sans aucune perte.

Pendant la retraite qui suivit la désastreuse bataille de Mont-Saint-Jean, deux compagnies d'artillerie à pied de l'ex-garde s'arrêtèrent, sous les ordres d'un de leurs chefs, près de Soissons, dans un village écarté de la route. Afin de pourvoir sans confusion à la nourriture du détachement, le maire fut appelé, et reçut l'ordre de faire les distributions accoutumées : en un moment tout le pain nécessaire fut rassemblé, chacun des habitans en ayant donné sa part. Quant à la viande, le maire ordonna que celui qui devait fournir une vache pour la distribution, fût désigné par le sort : le sort tomba sur une pauvre femme, vieille et infirme, qui se traîna, appuyée sur son bâton, jusque devant le front du détachement, pour faire des représentations au maire. « Cette vache qu'on veut m'ôter, s'écria-t-elle dans son langage naïf, est tout mon avoir ; depuis long-temps elle me connaît ; c'est en même temps ma richesse et ma compagne : si vous la tuez, il ne me reste plus qu'à mourir après elle. » Le maire resta inflexible ; et déjà la hache était levée sur le front de l'animal, lorsque les canonniers s'écrièrent, d'une commune voix : « Arrêtez, nous ne voulons point de viande ! » On rendit la vache à la vieille paysanne, qui la reconduisit dans sa chaumière en versant des pleurs de joie et de reconnaissance. Sa joie ne fut pas de longue durée ; le surlendemain les troupes étrangères entrèrent dans ce même village.....

Chaudier, grenadier dans le 85e régiment de ligne, se distingua au siége de Mantoue, par un trait admirable de dévouement. Une maison était située sous les remparts de cette ville, elle était favorable aux ennemis, et l'on présumait qu'elle renfermait des munitions de guerre; il s'agissait de l'incendier. Chaudier se propose pour cette expédition périlleuse. Il se déshabille, se jette à la nage, prend une mêche allumée entre ses dents, arrive à la maison à travers une grêle de balles, y met le feu et revient rejoindre son corps. Cette action d'éclat lui valut un sabre d'honneur.

L'HISTOIRE a donné de justes éloges au Romain courageux qui défendit un pont contre une armée. Eugène Chatrouze fit davantage; le Romain se borna à se défendre, et le Français attaqua. En l'an 6, Chatrouze se trouve en Suisse devant le pont de Guémius, défendu par quatre bataillons et une nombreuse artillerie. Notre héros, suivi de trois de ses camarades, s'élance sur le pont; rien ne l'arrête, ni la mousqueterie, ni la mitraille, ni les boulets, il brave et surmonte tous les obstacles, tous les dangers; il joint l'ennemi, l'attaque, l'étonne, le déconcerte. Quatre Français enfin parviennent à forcer quatre bataillons à la retraite. Ils se rendent maîtres d'un pont si puissamment défendu, et ouvrent à l'armée un passage qui lui trace et lui facilite la victoire.

A la bataille de Warterlo, un porte-enseigne écossais ayant été blessé mortellement, tomba dans un fossé. Un de ses camarades, n'apercevant plus le drapeau, alla droit au fossé où il avait vu tomber l'Ecossais; pendant ce temps la vieille garde chargeait avec vigueur. L'Ecossais fit de vains efforts pour arracher le drapeau des mains du soldat blessé, et, voyant qu'il n'en pouvait venir à bout, il chargea son camarade sur ses épaules, emportant de cette manière l'homme et l'enseigne. La garde, qui chargeait les Ecossais, témoin de cette belle action, s'arrêta tout à coup, en criant: « Bravo!... bravo!... l'Ecossais!... et elle ne continua sa charge que lorsque ce brave soldat eut rejoint sa compagnie.

(Nous citons ce trait, parce qu'il fait autant d'honneur aux troupes françaises qu'au soldat étranger.)

Au fameux combat de Syène, le général Desaix battit les beys de la Haute-Egypte, quoique les Mamelucks fussent beaucoup plus nombreux que les Français. Dans cette mémorable journée, l'aide-de-camp Montléger fit un trait de bravoure et de présence d'esprit qui mérite d'être rapporté. Se trouvant pris par un gros de Mamelucks, on lui dit de se rendre; il le refusa. Un Mameluck lui tira un coup de fusil qui lui cassa un bras : tous les Mamelucks crièrent : « Il est pris, il est pris.... » — « Oh! que non, » répondit Montléger. Au même instant il tire un coup de pistolet à un Mameluck qui voulait l'arrêter, le tue, se saisit de son cheval, monte dessus et regagne le camp français.

Leblanc, caporal au 76e régiment d'infanterie de ligne, à Tanius en Suisse, tomba sur un caisson de l'ennemi, s'en empara et coupa les traits des chevaux qui y étaient attelés. Poursuivant sa marche victorieuse, il se précipita seul sur le pont de Richenau, derrière lequel les Autrichiens cherchaient à se rallier, il les étonna en criant : « A moi, camarades. » Ils se croient suivis, leur trouble s'en augmente ; il fond sur eux, sabre tout ce qu'il rencontre, et ne s'arrête enfin, que lorsqu'il le a mis en fuite.

LE DERNIER CRI

DE LA VIEILLE GARDE.

Ils ne sont plus, les fils de la victoire !
Mars a trahi leurs efforts et nos vœux !
Pleurez, Français, l'appui de votre gloire
Est descendu dans la tombe avec eux ;
A leur valeur l'anglais rendant hommage,
Voulut en vain les soustraire au trépas,
Les preux ont dit en volant au carnage :
« La Garde meurt, elle ne se rend pas. »

Toi qui deux fois leur dus le diadême,
Toi qui, sans eux, eus gémi dans les fers,
Napoléon à cette heure suprême,
Te verras-t-on partager leurs revers !....
Ils sont tombés les héros de la France,
Et toi tu fuis!.... au milieu des combats ;
Tu fus donc sourd à ce cri de vaillance :
« La Garde meurt, elle ne se rend pas. »

Dix rois ligués ont fait fléchir ta tête,
Français, trop fier de les avoir vaincus ;
Pour t'affranchir du joug de leur conquête,
Tu tenterais des efforts superflus;
Mais si jamais l'heure de la vengeance
Vient à sonner, magnanimes soldats,
Ralliez-vous à ce cri de vaillance :
« La Garde meurt, elle ne se rend pas. »

N. Lefevre.

TABLE

DES BATAILLES

LIVRÉES PAR LES FRANÇAIS,

Depuis 1792 *jusqu'en* 1815.

BATAILLE DE TOURNAY. Les Aurichiens, commandés par le général d'Happoncourt, s'étant avancés sous les murs de Tournay, y attaquèrent les Français, commandés par le général Théobald Dillon. 1792

— DE QUIÉVRAIN. Les Français, aux ordres de M. de Biron, furent battus par les Autrichiens, commandés par le baron de Beaulieu et le colonel Fischer, le 28 avril 1792

— DE SAINT-AUBIN ou de FLORENNE. Les Autrichiens, commandés par le général-major comte de Staray, y défont les Français, aux ordres de M. de Gouvion, 23 mai 1792

— DE MAUBEUGE. L'avant-garde de l'armée française, dont M. de la Fayette était le commandant en chef, attaque, sous le commandement de M. de Gouvion, les Autrichiens, et les culbute, 11 juin 1792

— DE FONTOY. L'armée française, aux ordres du maréchal de Luckner, y bat vingt-deux mille Autrichiens, le 19 août 1792

— DE MAULDE (du camp). Un corps de quinze mille Autrichiens, commandés par le duc de Saxe-Teschen, y est défait par les Français, 31 août 1772

— DE LA CROIX-AUX-BOIS. Les Français, commandés par le général Chazot, y défont les Autrichiens, 14 septembre 1792

— DE VALMY. L'armée française, commandée par M. le maréchal de Kellermann, ayant sous ses ordres les généraux Valence, Beurnonville et Després-Crassier, y bat l'armée prussienne et autrichienne, 20 septembre 1792

— DE JEMMAPES. L'armée française, commandée par le général Dumourier, y bat l'armée autrichienne aux ordres du duc de Saxe-Teschen, 6 novembre 1792

— D'ANDERLECHT. Un corps de l'armée autrichienne y est battu par les Français, aux ordres du général Dumourier, 13 novembre 1792

— DE LIÉGE. L'armée française, commandée par le général Dumourier, y bat les Autrichiens, 27 novembre 1792

— D'ALTENHOWEN. Les Autrichiens battirent, près d'Altenhowen, les Français, commandés par le général Stengel, le 1er mars 1793

— D'ESCHEIWEILLER. 2 mars 1793

— DE NERWINDE. Les Autrichiens, sous

le commandement du prince de Cobourg, y battent les Français, commandés par le général Dumourier, 17 mars 1793

— de Famars, dite aussi de Raisme ou de Saint-Amand. Le général Dampierre, qui avait succédé à Dumourier dans le commandement de l'armée du Nord, résolut de livrer une bataille définitive, qu'il perdit avec la vie, le 6 mai 1793

— de Famars, dite aussi de Valenciennes. Les coalisés attaquent les Français sur toutes leurs lignes à la fois, les forcent à reculer, et s'emparent du camp retranché de Famars, le 23 mai 1793

— de Valcarlos, dans les Pyrénées occidentales. Les Français y défont les Espagnols, le 23 mai 1793

— de Bousbecq. Les Français, commandés par le général Lamarlière, y défont les troupes hollandaises, le 24 mai 1793

— de Saint-Jean-Pied-de-Port. Les Français y sont battus par les Espagnols. Lagenetière y fut fait prisonnier, 6 juin 1793

— de Brouis. Les Français, commandés par le général Brunet, y battent les Piémontais, le 8 juin 1793

— d'Arlon. Les Français, sous le commandement des généraux Houchard, Tolosan, Delange, Laubadère et Beauregard, y battent les Autrichiens, le 9 juin 1793

de Valenciennes. La garnison française de cette place fait une sortie vigoureuse sur les Autrichiens. Les Français avaient pour commandant M. le général Ferrand, 17 juin 1793

— D'HERXHEIM. Les Français, sous le commandement du général Custine, commencèrent à faire plier les Autrichiens; mais les instructions données au général Ferrières n'ayant pas été exécutées, les Français furent repoussés et obligés à la retraite, 17 juin 1793

— D'ANDAYE et de la CROIX-DES-BOUQUETS. L'armée française, aux ordres du général Servan, y défait les Espagnols, 21 et 23 juin 1793

— DE MAS-DE-SERRE, aux Pyrénées occidentales. Les Français, commandés par le général de Flers, ayant sous ses ordres les généraux Dagobert, Lamartillière et Barbantane, y battent les Espagnols, les 16 et 17 juillet 1793

— DE LA CHAPELLE-SAINT-ANNE, le 22 juillet 1793

— DE PIÉTRI, 13 juillet 1793

— D'IRUN. Les Français, commandés par le général Labourdonnaye et le brave Latour-d'Auvergne, y battirent les Espagnols, qui étaient commandés par le général Caro, 23 juillet 1793

— DES ALDUDES, 6 août 1793

— D'HONDSCOOTE, dite aussi POPERINGUE. L'armée française y bat l'armée anglo-autrichienne, 7, 8 et 9 septembre 1793

— DE DEUX-PONTS ou de PERMESENS, 14 septembre 1793

— DE PEIRES-TORTES, 18 septembre 1793

— DE WATIGNIES, dite aussi de MAUBEUGE. L'armée française, commandée par M. le maréchal Jourdan, y bat l'armée autrichienne, 17 octobre 1793

— DE GILLETTE (combat du pont). Les Français y battent les Piémontais, les 17 et 18 octobre 1793

— DE HORNBACH ou de DEUX-PONTS. Les Français y battent les Autrichiens et leurs alliés, le 20 novembre 1793

— DE WERTH ou de FRESCHWEILLER. Le général Hoche, commandant l'armée française, y bat l'armée prussienne, le 22 décembre 1793

— DE GEISBERG. L'armée française, aux ordres du général Hoche, y bat les Autrichiens et leurs alliés, 26 et 27 décembre 1793

— DU TEXEL. Pendant l'hiver de 1794, les Français, après avoir fait la conquête de la Hollande, portèrent leurs armes victorieuses sur les vaisseaux de cette puissance qui étaient retenus en mer par une glace profonde qui les empêchait de se mouvoir. Plusieurs escadrons de cavalerie furent détachés pour attaquer la flotte, défendue par les marins qui en formaient les équipages; mais la valeur et l'intrépidité française triomphèrent bientôt des efforts des Hollandais, et leurs vaisseaux, semblables à des citadelles dont on formait le siége, se rendirent à la cavalerie française, qui y fit sur-le-champ arborer de nouveaux pavillons, janvier 1794

— DE SPIRE et de GEMERSHEIN, janvier 1794

— DE SAINT-JEAN-DE-LUZ. L'armée française y bat les Espagnols, 5 février 1794

— DE FOUGASSE. Les Français y battent les Piémontais, avril 1794

— D'URGEL. Le général français Dagobert, après avoir battu les Espagnols à Monteilla, les attaque de nouveau près d'Urgel et les culbute, avril 1794

— DE PONTE-DI-NAVA. L'armée française, aux ordres du maréchal Masséna, y bat les Autrichiens et les Piémontais, 16, 17 et 18 avril 1794

— D'ARLON. L'armée française, commandée par le maréchal Jourdan, y bat l'armée autrichienne, le 18 avril 1794

— D'AUSSOY, le 22 avril 1794

— DE LA TUILE, le 27 avril 1794

— DE MOESCROEN. Les Français y battent complètement les Autrichiens et les Hanovriens, le 29 avril 1794

— DES ALBÈRES. L'armée française, aux ordres du général Dugommier, y bat les Espagnols, le 27 et 30 avril 1794

— DE COURTRAY. Les Français, commandés par le général Pichegru, y battent l'armée autrichienne, 29 avril 1794

— DE SAORGIO, 29 avril et jours suivans, 1794

— DE THUIN. Les Français, aux ordres

du général Moreau, y battent les Autrichiens, le 10 mai 1794

— DE TOURNAY, dite aussi de TURCOING. L'armée française, commandée par le général Pichegru, y bat l'armée des coalisés, mai 1794

— DE KAISERLAUTERN, le 23 mai 1794

— DE LOBES, le 24 mai 1794

— DE COLLIOURE. L'armée française, commandée par le général Dugommier, y bat les Espagnols, 26 mai 1794

— D'OUESSANT (naval). La flotte française, commandée par l'amiral Villaret-Joyeuse, y bat la flotte anglaise, aux ordres de l'amiral Howe, juin 1794

— D'AOST (de la vallée), juin 1794

— D'HOOGLÈDE et de ROUSSELAER ou de LONGMARCQ. L'armée française y bat l'armée des coalisés, 10 et 15 juin 1794

— DE LA CROIX-DES-BOUQUETS, 23 juin 1794

— DE FLEURUS. L'armée française, commandée par M. le maréchal Jourdan, bat l'armée des coalisés, le 26 juin 1794

— DE SOMBREF, le 1er juillet 1794

— DE FREIPACH et de TRIRSTADT. Les Français, commandés par le général Moreau-de-Rocroi, y battent les Prussiens et leurs alliés, du 2 au 14 juillet 1794

— DE BASTAN (de la vallée). Les troupes françaises, aux ordres du général Moncey, battent les Espagnols sur toutes leurs lignes, vers la fin de juillet 1794

— DE FONTARABIE. Les Français, aux ordres de M. le général Moncey, battent les Espagnols devant cette place, et s'en emparent, le 1er août 1794

— DE SAN-LORANZO-DE-LA-MOUGA, dite aussi BOULON. L'armée des Pyrénées orientales, commandée par le général Dugommier, y bat les Espagnols, le 13 août 1794

— D'ASPE, le 4 septembre 1794

— DE BOXTEL, 14 septembre 1794

— DE LA CHARTREUSE ou de SPIRMONT, dite aussi de l'OURTHE. Le maréchal Jourdan bat les Autrichiens, 18 septembre 1794

— DE BELLEGARDE, le 21 septembre 1794

— DE CAÏRO, le 21 septembre 1794

— D'ALDENHOVEN. L'armée de Sambre-et-Meuse, commandée par le maréchal Jourdan, y bat l'armée autrichienne, le 2 octobre 1794

— DE BURGUET, près de Roncevaux, du 16 au 18 octobre 1794

— DE LA MONTAGNE-NOIRE. L'armée des Pyrénées orientales, aux ordres du général Dugommier, y bat les Espagnols, mais les Français eurent à regretter le général en chef Dugommier, qui fut emporté d'un obus, le 15 novembre 1794

— D'ESCOLA, du 20 au 27 novembre 1794

— DE BERGARA. Le général Moncey y bat les Espagnols, le 28 novembre 1794

DE LA FLUVIA. Le général Schérer, commandant l'armée des Pyrénées occidentales, y bat les Espagnols, le 14 juin 1795

— DE BELEE-ISLE (naval), le 23 juin 1795

— DE QUIBERON, le 16 juillet 1795

— DE LA CERINE, le 1er septembre 1795

— DU RHIN (passage). L'armée de Sambre-et-Meuse, commandée par le maréchal Jourdan, ayant sous ses ordres les généraux Kléber, Lefebvre. Grenier, Championnet, Legrand, Jacopin et Tilly, passe le Rhin entre Dusseldorf et Duisbourg, et force à la retraite l'armée autrichienne, commandée par les maréchaux de Wurmser et Clairfait, le 8 septembre 1795

— DU TEXEL (naval), 11 octobre 1795

— DE LOANO. L'armée d'Italie, aux ordres du général Schérer, y bat l'armée austro-sarde, les 23 et 24 novembre 1795

— DE KREUZACH, le 30 novembre 1795

— DE MONTENOTE. L'empereur y bat l'armée austro-sarde, le 11 avril 1796

— DE MILLESIMO. Le général Bonaparte y bat l'armée des austro-sardes, le 14 avril 1796

— DE DÉGO, DE CÉVA et de MONTÉSÉMO. Le général Bonaparte y bat l'armée impériale et sarde, les 15, 16 et 17 avril 1796

— DE VICO et de MONDOVI. Le général Bonaparte y bat l'armée austro-sarde, les 21 et 22 avril 1796

— FOMBIO ou CODOGNO et passage du Pô. Le général Bonaparte bat l'armée impériale commandée par le général Beaulieu, les 7 et 8 mai 1796

— DU PONT DE LODI. Le général Bonaparte, ayant sous ses ordres les généraux

Berthier, Masséna, Augereau et Lannes, y bat complètement l'armée impériale, 10 mai 1796

— DE BORGHETTO et de PESCHIERA, passage du MINCIO. Le général Bonaparte y bat les Impériaux, 29, 30 mai et 1er. juin 1796

— DE LA SIEG (combat sur les bords), d'HENEF et d'ALTENKIRCHEN. L'armée de Sambre-et-Meuse, commandée par le général Jourdan, y bat l'armée autrichienne, commandée par l'archiduc Charles, 1er. juin 1796

— DU RHIN (passage), et batailles de WILTETT et de RENCHEN. L'armée de Rhin-et-Moselle, aux ordres du général Moreau, passe le Rhin au-dessus de Kehl, le 24 juin, et bat les Autrichiens à Wiltett et à Renchen, dans les derniers jours de ce mois 1796

— DE DESENSANO et LONADO. Les Français, commandés par le général Junot, battent les impériaux dans les premiers jours de juillet 1796

— DE FREUDENSTADT, 4 juillet 1796

— DE RADSTATD. L'armée de Rhin-et-Moselle, aux ordres du général Moreau, y bat l'armée autrichienne, le 5 juillet 1796

— D'ETLINGEN. L'armée de Rhin-et-Moselle, aux ordres du général Moreau, y bat l'armée autrichienne, le 9 juillet 1796

— DE LODRON, 13 juillet 1796

— D'ESLINGEN et de CANDSTADT, le 21 juillet 1796

— DE CASTIGLIONE. Le général Bonaparte, ayant sous ses ordres les généraux Masséna, Augereau, Mortier et Serrurier, y bat l'armée impériale, le 5 août 1796

— DE NÉRESHEIN, d'HEYDENAEIM et de KAMLACH. L'armée de Rhin-et-Moselle, commandée par le général Moreau, y bat les Autrichiens commandés par le prince Charles, les 11 et 13 août 1796

— D'AMBERG, le 17 août 1796

— DE FRIEDBERG. L'armée de Rhin-et-Moselle, commandée par le général Moreau, bat, près de Friedberg, l'armée autrichienne, le 24 août 1796

— DE GEISENFELD ou de PFAFFENHOFEN, le 1er. septembre 1796

— DE VURZBOURG, le 2 septembre 1796

— DE SÉRAVALLE, le 3 septembre 1796

— DE ROVÉRÉDO. Le général Bonaparte y bat l'armée impériale, le 4 sept. 1796

— DE PRIEMOLAN et de la BRENTA, le 7 septembre 1796

— DE BASSANO. Le général Banaparte, ayant sous ses ordres le général Murat, y bat l'armée impériale, 8 septembre 1796

— DE MUNICH ou de DACHAW, et de NEUBOURG, 10 et 14 septembre 1796

— DE SAINT-GEORGES ou de MANTOUE. Le général Bonaparte y bat la garnison de Mantoue, 14 et 15 septembre 1796

— D'ALTENKIRCHEN. C'est à cette affaire que le général Marceau fut blessé mortellement, 19 septembre 1796

— DE BIBERACH, 2 octobre 1796

— DE ROTHWIL, de WILLENGEN, du VAL D'ENFER, de NEUSTADT, les 9 octobre et jours suivans 1796

— DE WALDKIRK ou de KENTZINGEN, 19 octobre 1796

— DE SCHLIENGEN, le 23 octobre 1796

— DE NEUWIED. L'armée française de Sambre-et-Meuse bat l'armée impériale, le 23 octobre 1796

— DE KAYSERLAUTERN et de CREUZNACH. La même armée bat les Autrichiens sur toutes les lignes, depuis Kayserlautern jusqu'à Creutznach, et leur enlève quatre camps, 26 octobre 1796

— D'ARCOLE. Le général Bonaparte bat l'armée impériale commandée par le feld-maréchal d'Alvinzi, les 15, 16 et 17 novembre 1796

— DE KELH et d'HUNINGUE, 22 et 24 novembre 1796

— DE RIVOLI et de la FAVORITE, les 12, 13, 14 15 et 16 janvier 1797

— DE TRENTE. Un corps de l'armée d'Italie, commandé par le général Joubert, s'empare de cette ville, du 28 janvier au 3 février 1797

— DE SAINT-VINCENT (naval), le 14 février 1797

— DE TAGLIAMENTO et de GRADISKA. Le général Bonaparte bat l'armée autrichienne aux ordres de l'archiduc Charles, les 15 et 19 mars 1797

— DE BOTZEN. Un corps de l'armée d'Italie, commandé par les généraux Dumas et Vial, y bat un corps de l'armée autrichienne, aux ordres du feld-maréchal de Laudon, le 22 mars 1797

— DE TARVIS ; le 25 mars 1797

— D'ARTENKIRCHEN ; le 16 avril 1797

— DE DIERDORF ; le 17 avril 1797

— DE NEUWIED ; les 17 et 18 avril 1797

— DE DIERSHEIM. L'armée de Rhin-et-Moselle bat les Autrichiens, et prend sur eux Offembourg et le fort de Kell, les 20 et 21 avril 1797

— DE MALTHE. Le général Bonaparte fait la conquête de cette île, 12 juin 1798

— DE CHEBRISSE. Le général Bonaparte, après avoir pris les villes d'Alexandrie, de Rosette, de Demenhour, et battu les Mamelourcks et les Arabes à *Rahmanié*, leur livre la sanglante bataille de Chebreisso, qu'il gagne sur eux, le 13 juillet 1798

— DES PYRAMIDES. Le général Bonaparte bat l'armée des Mameloucks, commandée par Mourrad-Bey, le 22 juillet 1798

— D'ABOUKIR (naval). L'escadre française, forte de treize vaisseaux de ligne, quatre frégates et deux bombardes, aux ordres de l'amiral Brueys, y est détruite par la flotte anglaise, commandée par l'amiral Nelson, 2 août 1798

— DE SALEHIEH ; le 11 août 1798

— DE KILLALA et de CASTELBAR, août et septembre 1798

— DE SÉDIMAN ; le 8 octobre 1798

— DE FAIOUM ; le 9 octobre 1798

— DE CIVITA-CASTELLANA ; le 4 décembre 1798

— D'OTRICOLI ; le général Macdonald y bat les Napolitains ; le 6 décembre 1798

— DE CALVI ; le général Macdonald, secondé du général Calvin et de huit cents Français, y fait mettre bas les armes à quamille Napolitains de l'armée du général Mack, le 9 décembre 1798

— DE LUCIEN-STEIG, dans les Grisons ; l'armée française, aux ordres du général Masséna y bat l'armée autrichienne, commandée par le général Auffemberg, qui y fut fait prisonnier. Cette victoire mit la ville de Coire et tout le pays des Grisons au pouvoir des Français, 6 et 7 mars 1799

— DES ENGADINES et de SCHULTZ ; 15 et 16 mars 1799

— D'OSTRACK ou de PFULLENDORF et de STOCKACH ou de LIEPTINGEN ; l'armée autrichienne, forte de quatre-vingt mille hommes, aux ordres du prince Charles, ayant sous lui les généraux Hotze, Laudon, Bellegarde et Jellachich, y bat l'armée française, aux ordres du général Jourdan, qui n'avait que trente-quatre mille hommes à lui opposer, 21, 25, 26 et 27 mars 1799

— DE FINSTERMUNSTER, NAUDERS et CLARENS ; 24 mars et jours suivans 1799

— DE L'ADIGE ou de SAINTE-LUCIE, de SAINT-MAXIMIN, de VÉRONE et de LEGNA cõ. Les divisions de l'armée d'Italie, commandées par le général Victor, les généraux Moreau, Hatri, Delmas, Grenier et Serrurier (*Schérer, général en chef*), y battent les Autrichiens, commandés par les généraux Miackwitz, Liptay et Kaïn, 26 mars et jours suivans 1799

— DE VÉRONE ou de MAGNANO; l'armée autrichienne, commandée par le feld maréchal Kray, y bat l'armée française d'Italie aux ordres du général Schèrer, le 5 avril 1799

DE MONT-THABOR, ou d'EDRELON. Le général Bonaparte, ayant sous ses ordres Murat, les généraux Kléber, Rampon, Bon, Vial et Leturcq, y met en déroute l'armée des Mameloucks, des Syriens et des Samaritains, les 15 et 16 avril 1799

— DE CASSANO; l'armée française d'Italie, aux ordres du général Moreau, y est battue par l'armée austro-russe, commandée par le feld-maréchal Souwarow, le prince de Hohenzollern, et les généraux Mélas, Rosemberg, de Chateler, Wurkassowich, Ott et Zoph, 27 avril 1799

— DE BASSIGNANA; l'armée français, d'Italie, commandée par le général Moreau, ayant sous lui le duc de Bellune, les généraux Grenier, Gardanne, Quesnel et Garreau, y bat l'armée austro-russe, commandée par les généraux Souwarow, Rosemberg, et Schubarf (ce dernier y fut tué), 12 mai 1799

— d'Alexandrie ou de Valence; l'armée austro-russe, aux ordres des généraux Souwarow, Mélas et Wuskassowich, y bat l'armée française aux ordres du général Moreau, le 16 mai 1799

— de Winther-Thur. L'armée d'Helvétie, aux ordres du général Masséna, y bat l'armée autrichienne, commandée par le prince Charles, 25 mai 1799

— de Bremgarten. Le général Soult, commandant une division de l'armée d'Helvétie, y bat les Autrichiens, le 8 juin 1799

— de Modène. L'armée de Naples, aux ordres du général Macdonald, qui opérait sa retraite, y bat l'aile gauche de l'armée austro-russe, le 12 juin 1799

— de la Trébia ou de San-Giovani; l'armée austro-russe, commandée par les généraux Souwarow, le prince Bragation Koubarow, Mélas, Ott, Frœlich et Rosemberg, y bat l'armée française, commandée par le général Macdonald. Cette bataille dura trois jours, on y brûla cinq millions de cartouches et on tira au moins soixante et dix mille coups de canon. Les austro-russes ne durent leurs succès qu'à leur grande supériorité dans le nombre des combattans; les Français y firent des prodiges de valeur; ils y perdirent le général Cambray, du 17 au 20 juin 1799

— d'Aboukir. L'armée d'Orient, sous les ordres du général Bonaparte, y met les Ottomans dans une déroute cemplète, leur tue dix mille hommes, et en précipite dix mille dans la mer, 25 juillet 1799

— DE ZURICH, de SAINT-GOTHARD et de GUECHENEN. Les Autrichiens, commandés par les généraux Jellachich et Simpschen, y sont battus par l'armée d'Helvétie, commandée par le maréchal prince d'Eslingen, ayant sous ses ordres les généraux Lecourbe, Godin et Loison, les 14, 15 et 16 août 1799

— DE NOVI. Joubert mourut à cette bataille, 15 août 1799

— DU HELDER; la flotte hollandaise, forte de douze vaisseaux de ligne, portant six cent trente-deux pièces de canon, méconnaît les ordres du brave amiral Story, refuse de combattre, et se livre lâchement à la flotte anglaise, commandée par l'amiral Mitchell. La nouvelle marine hollandaise, doit avoir à cœur de déchirer cette page de l'histoire. C'est un appel à son honneur !.... 30 août 1799

D'ALKMAER, 9 et 10 septembre 1799

— DE BERGHEN. L'armée française, commandée par le général Brune, bat complètement l'armée anglo-russe, 18 septembre 1799

— DE ZURICH ou de DIETTICKON, du MUTTENTHAL, de CONSTANCE, d'ANDELFINGEN. L'armée française, commandée par le général Masséna, ayant sous ses ordres les généraux Oudinot, Mortier, Soult, Gazan, Bontemps, Guétare, Laval, Klein et

Ménard, y bat l'armée austro-russe aux ordres du feld-maréchal Souwarow et des généraux Korsakow, Hotze, Lincken et Jellachich. Le général Hotze fut tué au commencement de l'action, engagée devant Zurich, 25 septembre au 7 octobre 1799

— DE KASTRICUM; le 18 octobre 1799

Le duc d'Yorck, après la perte de cette bataille, fut obligé de capituler.

— DE BOSCO; le 23 octobre 1799

— DU NECKER et de PHILIPSBOURG; les divisions de l'armée du Rhin, commandées par les généraux duc d'Elchingen, Delaborde, Decaen et Baraguey-d'Hilliers, y attaquent et culbuttent toute la ligne de l'armée autrichienne, le 16 novembre 1799

— DE SAVIGLIANO, ou de GENOLA et de MOROZZO. L'armée française d'Italie, aux ordres du général Championnet, y est battue par l'armée autrichienne, commandée par le général Mélas, les 4 et 5 novembre 1799

— D'HÉLIOPOLIS ou de MATARISH; le général Bonaparte, en quittant l'Egypte, au mois d'août 1799, avait laissé le commandement de cette armée au général Kléber, qui battit les Turcs à Héliopolis, le 20 mars 1800

— DU CAIRE. L'armée française reprend le Caire sur les Turcs, et reconquiert entièrement l'Egypte; Mourad-Bey, l'un des principaux chefs des Mamelouks, se réunit aux Français le 28 avril 1800

— D'ENGEN ou de STOCKACH; le 3 mai 1800

— DE MOESKIRCK. L'armée du Rhin, commandée par le général Moreau, ayant sous ses ordres les généraux mentionnés ci-dessus, auxquels il faut ajouter les généraux Bastoul, Goulus, Walter, Montrichard, Desperières et Durosuel, y bat l'armée autrichienne, commandée par le général Kray, le 5 mai 1800

— DE RIBERACH; l'armée du Rhin, commandée par le général Moreau, y bat l'armée autrichienne aux ordres du général Kray. Les généraux français Thureau, Saint-Cyr, Baraguey-d'Hilliers, Richepanse, Durutte et Digonnet, y firent des prodiges de valeur, le 9 mai 1800

— D'AOSTE et de CHATILLON. Le général Dannes, à la tête de l'avant-garde de l'armée d'Italie, commandée par Napoléon en personne, y culbutte les Autrichiens, et se rend maître de ses positions, les 16 et 17 mai 1800

— DE SAINT-LAURENT-DU-VAR. Le général Suchet, commandant un corps de l'armée aux ordres du maréchal prince d'Eslingen, y bat les impériaux; commandés par le feld-maréchal de Mélas, le 24 mai 1800

— DE MONTEBELLO ou de CASTEGGIO. L'armée française commandée par le général Bonaparte, y bat l'armée autrichienne, commandée par les généraux Mélas et Ott, le 9 juin 1800

— DE MARENGO. L'armée française d'Italie, commandée par le premier consul, ayant sous ses ordres les généraux Murat, Eugène Beauharnais, Lannes, Berthier, Victor, Desaix, Carra-Saint-Cyr, Watrin, Rivaux, Maynoni, Champeaux, Boudet, Chambarlhac, Gardanne, Chabran et Lapoype, y bat l'armée autrichienne, commandée par les généraux Mélas, Oreilli, Kaim, Haddick, Otte et Elnitz, le 14 juin 1800

— D'HOCHSTEDT. L'armé du Rhin, commandée par le général Moreau, ayant sous ses ordres les généraux Grenier, Lecourbe, Godin, Richepanse, Montrichard et d'Hautpoult, y bat l'armée autrichienne, commandée par les généraux Kray, Starray, Nauerdorf et Klinglin, le 20 juin 1800

— DE NEDERSHEIM, NORDLINGEN, OBERSHAUSEN et NEUBOURG. Les division de l'armée française du Rhin, aux ordres du général Moreaux, des généraux mentionnés plus haut, et auxquels ils faut ajouter les généraux Schiner et Cœhorn, y battent les Autrichiens, les 28 juin et jours suivans, 1800

— DE FELDKIRCK et de COIRE. Un corps de l'armée du Rhin, aux ordres des généraux Lecourbe et Dornemans, battent les Autrichiens, les 15 juillet et jours suivans, 1800

— DE LA COROGNE et du FERROL. Les Anglais y opèrent un débarquement de quinze mille hommes, sous le commandement du lord Pultney; mais ils sont aussitôt battus et repoussés, le 25 août 1800

— D'ASCHAFFENBOURG. L'armée, aux ordres du maréchal Augereau, duc de Castiglione, y bat les Autrichiens et les Mayençais, le 24 novembre 1800

— D'AFFINGEN. L'armée du Rhin, commandée par le général Moreau, y bat l'armée autrichienne, le 30 novembre 1800

— DE HOHENLINDEN. L'armée du Rhin, commandée par le général Moreau, ayant sous ses ordres les généraux Ney, duc d'Elchingen, Grenier, Grovchy, Legrand, d'Haupoult, Richepanse, Decaen, Colaud, Grandjean, Walther, Drouet, Bastoul, Debilly, Bonnet, Kniazewitz, Boyer, Espagne et Durutte, y bat l'armée autrichienne, le 3 décembre 1800

— DE SALZBOURG ou de WAAL et de NEUMARCK; les 14 décembre et jours suivans, 1800

— DU SPLUGEN et de STORN. Le maréchal Magdonald, duc de Tarente, commandant l'armée française dans les Grisons, fait effectuer à ses troupes le célèbre et périlleux passage du *Splugen*, et par cette habile manœuvre établi sa communication avec l'armée d'italie, 15 décembre et jours suivans, 1800

— DE NUREMBERG; le 18 décembre 1800

— DE L'ENS, de la SALZA, de l'INN et de la TRAUN (combats le long des rives.) L'armée du Rhin, commandée par le général Moreau, y bat continuellement les Autrichiens, et porte son avant-garde à moins de vingts lieues de Vienne, en décembre 1800

— DE MONZABANO ou de VALEGGIO; l'armée d'Italie, commandée par le maréchal

Brune, y bat l'armée autrichienne, commandée par le feld-maréchal Bellegarde et le prince de Hohenzollern, le 25 décembre 1800

— DE COPENHAGUE: la guerre qui continue toujours entre la France et l'Angleterre, porte celle-ci à attaquer les Danois, alliés des Français, à bombarder Copenhague d'une manière foudroyante, et à enlever tous les vaisseaux qui défendaient ce port. Ce fut l'amiral Nelson qui commanda cette expédition britannique, le 2 avril 1801

— D'ALEXANDRIE et de BELBEYS. L'armée française en Egypte, ayant perdu son chef, le général Kléber, par un odieux assassinat, le 14 juin 1808, le général Menou fut nommé pour lui succéder. Il eut à soutenir tous les efforts des Anglais et des Turcs réunis, qui l'attaquèrent à plusieurs reprises sous les murs d'Alexandrie. Dans la dernière affaire qui eut lieu devant cette place le général anglais, sir Ralph-Albercrombie, fut tué; les Français eurent à regretter, de leur côté, le général Lannusse, 21 mars et 19 mai 1801

— D'ALGÉSIRAS (naval); une escadre française de trois vaisseaux de ligne et d'une frégate commandée par le contre-amiral Linois, y bat une escadre anglaise aux ordres de sir John de Saumarez, composée de six vaisseaux de ligne, d'une frégate et d'un lougre; les Anglais y perdirent l'*Annibal*, de soixante-quatorze canons, 5 juillet 1801

— DE BOULOGNE, les 4 et 15 août 1801

— DE L'ILE D'ELBE. Les Français, après un combat meurtrier, forcent les Anglais à regagner leurs vaisseaux, après avoir perdu près de douze cents hommes, sur trois mille qu'ils avaient débarqués, 14 sept. 1801

— DE SAINTE-MARIE (naval); sans avoir déclaré la guerre à l'Espagne, l'Angleterre fait attaquer un convoi espagnol qui voyageait sous la foi des traités, et enlève, à la hauteur de Sainte-Marie, après un combat très-vif, trois frégates espagnoles, 5 octobre 1804

— DE CALAIS et D'AMBLETEUSE; l'amiral Werhuel, sorti de Dunkerque avec une forte division de la flottille, se bat avec le plus grand succès contre une flotte anglaise de trente deux vaisseaux, devant Calais et Ambleteuse, en juillet 1805

— DU CAP FINISTÈRE; la flotte combinée de France et d'Espagne y bat la flotte anglaise commandée par l'amiral Calder, le 22 juillet 1805

— DE DONAWERTH, du LECH et de WERTINGEN. Les divisions de l'armée française, aux ordres de Murat, y battent les Autrichiens, les 7 et 8 octobre 1805

— DE GUNTZBOURG, 9 octobre 1805

— DE LANDSBERG, le 11 octobre 1805

— D'ALBECK; le général Mack sort de la ville d'Ulm, et, à la tête de vingt-cinq mille hommes, il attaque six mille Français, commandés par les généraux Dupont et

Sahuc, qui le culbutent et le forcent à la retraite après lui avoir fait quinze cents prisonniers, le 11 octobre 1805

— DE MUNICH. Bernadotte, commandant un corps de l'armée française, entre dans Munich, fait huit cents prisonniers, poursuit le général autrichien Kienmayer, lui prend ses équipages, le jette hors de la Bavière, et le force à repasser l'Inn, octobre 1805

— DE MEMMINGEN. Le maréchal Soult, duc de Dalmatie, y enlève neuf bataillons autrichiens et se rend maître de la place, le 13 octobre 1805

— D'ELCHINGEN, les 13 et 14 oct. 1805

— DE LANGUENAW; Murat à la tête d'un corps de l'armée française, poursuit le prince Ferdinand, et bat, près de Languenaw, le général Werneck, à qui il fait trois mille prisonniers, le 14 octobre 1805

— DE HAAG) Bernadotte, commandant un corps de l'armée francaise, y bat les Autrichiens, leur fait cinq cents prisonniers, et leur enlève un parc d'artillerie, le 15 octobre 1805

DE NÉÉRESHEIM; Murat, secondé par le général Klein, y bat les autrichiens, leur prend deux drapeaux, mille hommes et un officier-général. Le prince Ferdinand et sept généraux n'ont que le temps de monter à cheval et de s'échapper, le 17 oct. 1805

— D'ULM. Napoléon, par des manœuvres habiles, qui sont sans exemple dans l'histoire, à cerné et mis hors de combat l'armée autrichienne, forte de cent mille hommes, commandés par le général Mack, qui n'a d'autre ressource que de se jeter dans Ulm, où il est bientôt obligé de capituler avec vingt-sept mille hommes, dix-neuf généraux, trois mille chevaux et quatre-vingts pièces de canon attelées, 15, 16 et 17 octobre 1805

— DE NORLINGEN; Murat y fait capituler le général autrichien Werneck avec toute sa division : les généraux Baillet, Hohenzollern, Vogel, Mackery, Hohenfeld, Weiber et Dienesberg furent aussi du nombre des prisonniers. 18 octobre

— DE VÉRONNE (du vieux château); l'armée d'Italie aux ordres du maréchal prince d'Eslingen, bat l'armée autrichienne, sur laquelle elle fait quinze cents prisonniers le 18 octobre 1805

— DE NURENBERG; 21 octobre 1805

— DE TRAFALGAR (naval); 21 oct. 1805

— DE MEHRBACH; BRAUNAW et LAMBACH) Murat, à la tête d'un corps de l'armée française, poursuivant toujours ses succès contre les Autrichiens, les bat dans ces diverses rencontres, et leur fait beaucoup de prisonniers, les 29 et 30 octobre 1801

— DE VERONNETTE; le maréchal prince d'Eslingen, commandant l'armée française en Italie, bat l'armée autrichienne, le 29 octobre 1805

— DE CALDIÉRO; la même armée y bat l'armée autrichienne, 30 octobre 1805

— DE PASSLINGEN, le 2 novembre 1805

— DE LOWERS. Les Bavarois, alliés des Français, et commandés par le brave général Deroi, y battent cinq régimens autrichiens venant d'Italie, et leur enlèvent leurs canons. Le général Deroi chargea avec tant de courage et d'impétuosité, qu'il fut blessé d'un coup de pistolet, 5 nov. 1805

— D'AMSTETTEN; 5 novembre 1805

— DE WEYER. Le maréchal duc de Raguse y bat les autrichiens le 8 nov. 1805

— DE KUFFERTAIN et de SCHARNITZ. Le corps d'armée aux ordres du maréchal duc d'Elchingen, y bat les Autrichiens, et s'ouvre le Tyrol, où l'archiduc Jean commandait, 8 novembre 1805

— DE DIERNSTEIN. Le maréchal duc de Trévise y déploie des talens supérieurs et un courage extraordinaire; après un des combats les plus opiniâtres de la campagne, il triomphe de l'armée russe, forte de trente mille hommes. Le général français *Gazan* contribua beaucoup au succès de cette journée, ainsi que le colonel *Wattier*, du quatrième de dragons, 11 novembre 1805

— DU TAGLIAMENTO; 13 novemb. 1805

— DE WOLKERSDORF; 14 novemb. 1805

— D'HOLLABRUN. Murat et le duc de Montebello, à la tête d'un corps de l'armée française, y rompent les bataillons russes, qui cherchent leur salut dans la fuite, et demandent ensuite à capituler, le 15 novembre 1805

— DE JUNTERDORFF OU ZUNTERDORF. L'armée russe y est battue par les Français aux ordres de Murat; 16 novembre 1805

— DE BRUNN et d'OLMUTZ, 20 nov. 1805

— DE CASTEL-FRANCO. L'armée française d'Italie, commandée par le maréchal prince d'Eslingen, bat l'armée autrichienne aux ordres du prince de Rohan, 14 novembre 1805

— D'AUSTERLITZ. Napoléon, qui venait d'ordonner avec autant d'habileté que de courage tous les mouvemens que ses lieutenans et ses généraux avaient effectués depuis l'ouverture de la campagne, COMMANDE EN PERSONNE à la bataille d'Austerlitz, le 2 décembre 1805; il avait sous ses ordres le général Murat, le prince royal de Suède, le maréchal prince de Neufchâtel, le maréchal prince d'Eckmulh, les maréchaux duc de Montebello, duc de Dalmatie, duc de Reggio, duc d'Albuféra, duc d'Istrie, le grand maréchal duc de Frioul, le duc d'Abrantès, colonel-général des hussards, le duc de Rovigo, les généraux Kellermann, Walther, Beaumont, Nansouty, d'Haupoult, Rivaud, Drouet, Vandamme, Saint-Hilaire, Legrand, Friand, Boursier, Gudin, Bertrand comte de Lobaw, Cafarelly, Valhubert, Thiébaut, Sébastiani, Compan, Rapp, Marisy et Demont.

L'armée austro-russe était commandée par l'empereur de Russie et l'empereur d'Autriche, EN PERSONNES, par le grand-duc

Constantin, le prince Repnin, les généraux Buxhowden et Kutusow.

Elle perdit la bataille.

Les empereurs de Russie et d'Autriche se virent obligés de demander la paix à Napoléon.

Elle fut signée par le traité de *Presbourg*, le 26 décembre 1805

— DE SCHLEITZ; le 9 octobre 1806

— DE SAALFELD. Le duc de Montebello et le général Suchet, à la tête d'un corps de l'armée française, y battent l'avant-garde de l'armée prussiene, commandée par le prince Louis-Ferdinand de Prusse, qui y perdit la vie, le 10 octobre 1806

— DE GÉRA; le 11 octobre 1806

— D'IÉNA OU D'AUERSTAEDT. Napoléon ayant sous ses ordres Murat, le général Bernadotte, le prince de Neufchâtel, le prince d'Eckmulh, les maréchaux duc de Castiglione, duc de Montebello, duc de Bellune, duc de Dantzick, duc d'Istrie, duc d'Elchingen et duc de Dalmatie, le grand maréchal duc de Frioul, le grand-écuyer duc de Vicence, et les généraux Gazan, Gudin, Friant, Morand, Daultanne, Debilly, Conroux, Durosnel et Colbert, y bat l'armée prussienne, commandée par le roi de Prusse en personne, ayant sous ses ordres le prince Henri de Prusse, le duc de Brunswick, et les généraux Moellendorff, Tavenzein, Holzendorff, Schmettaow et Rutchelle, le 14 octobre 1806

— DE GREUZEN ; le maréchal duc de Dalmatie, à la tête de son corps d'armée, y bat douze mille Prussiens, commandés par le roi de Prusse en personne, et le général Kalkreuth, le 16 octobre 1806

— DE HALL ; le prince royal de Suède, commandant un des corps de l'armée française, et ayant sous ses ordres les généraux Léopold Bertier, Dupont, Drouet, Rivaud et Rouyer, y bat la réserve de l'armée prussienne aux ordres du prince Eugène de Wurtemberg, le 17 octobre 1806

— D'ERFURTH ; 27 octobre 1806

— DE ZEHDENICK ; Murat ayant sous ses ordres deux divisions de dragons français, commandées par les généraux Beaumont, Lasalle et Grouchy, y rompt et culbutte six mille hommes de cavalerie prussienne, le 27 octobre 1806

— DE WIGNEENSDORF ; 27 octobre 1806

— DE PRENTZLOW ; le 28 octobre 1806

— D'ANCLAM OU ANKLAN ; le 31 octobre 1806

— DE STRELITZ. C'est à cette affaire que le frère de la reine de Prusse fut fait prisonnier, le 31 octobre 1806

— DE WISMAR ; 1er. novembre 1806

— DE CREVISMULEN, le 4 nov. 1806

— DE LUBECK. Cette bataille se livre dans la ville même de Lubeck; les portes, les rues, les places et les carrefours en sont le théâtre. Le général Blucher et le duc de Brunswick-Oels s'y étaient réfugiés avec les débris de l'armée prussienne, et s'y virent attaqués par plusieurs corps de l'armée française, commandée par Murat, le général Bernadotte et le maréchal duc de Dalmatie, qui les forcèrent à mettre bas les armes et à se rendre prisonniers, après une action des plus meurtrières, qui dura deux jours, les 6 et 7 novembre 1806

— DE ROSTOCK. Le duc de Rovigo, à la tête d'une colonne mobile de l'armée française, s'empare de cinquante bâtimens suédois, qui étaient sur leur lest dans ce port, novembre 1806

— D'HAMELEN. Le duc de Rovigo, chargé par Napoléon de faire le siége de cette place, s'en rend maître et y fait capituler neuf mille Prussiens commandés par les généraux Lecocq et Schœler, et cinq autres lieutenans généraux, le 20 novembre 1806

— DE LOWICZ. Le général Bœnigsen, commandant l'armée russe, envoie un fort détachement pour s'opposer au passage de la Bsura, que les Français devaient traverser pour s'emparer de Warsovie. Les Russes sont battus par la cavalerie française aux ordres du général Beaumont, le 26 novembre 1806

— DE BIEZUN. Le maréchal duc d'Istrie, secondé des généraux Grouchy, Rouget et Roussel, y bat un corps de l'armée prussienne, lui fait beaucoup de prisonniers, et lui enlève cinq pièces de canon, 23 décembre 1806

— DE CZARNOVO. Les corps d'armée commandés par le prince d'Eckmulh, le duc d'Elchingen et le duc d'Istrie, ayant sous leurs ordres les généraux Beaumont, Morand, Malaz, Petit et Boussard, y battent les Russes, le 23 décembre 1806

— DE NASIELK. Le prince d'Eckmulh, secondé des généraux Rapp et Lemarrois, y bat les Russes, commandés par le général Kameski, le 24 décembre 1806

— DE L'WERA OU LE KURSOMB. Le maréchal duc de Castiglione et le général Nansouty y culbutent quinze mille Russes, le 24 décembre 1806

— DE LOPACKCZIN, DE LA SONNA et TYKOCZIN; Murat et le prince d'Eckmulh y battent les Russes, le 25 décembre 1806

— DE SOLDAN. Le maréchal duc d'Elchingen y bat un corps de Prussiens, commandé par le général Lestocq, le 26 décembre 1806

— DE MALAVA. Le général français Marchand y bat un corps de l'armée russe, le même jour 1806

— DE PULTUSK. Le général Suchet, secondé des généraux Gazan, Gudin, Daultanne, Claparède, Wedel, Boussard et Trellart, y bat un corps d'armée russe, commandé par les généraux Bœnigsen, Tolstoy, Barclay de Tolly, Bagouwut, Kosin et Gondorff, 26 décembre 1806

— DE GOLYMIN. Murat, le maréchal duc de Castiglione et le maréchal prince d'Eckmulh, ayant sous leurs ordres les généraux Heudelet, Rapp, Lapisse, Klein et Fénerolle, y battent les Russes commandés par le général Buxhowden, le 26 déc. 1806

— D'OLAW et DE GRIETERN. Les Bavarois et les Wurtembergeois, sous les ordres des généraux Montbrun et Minucci, y battent dix mille Prussiens commandés par le prince d'Anhalt-Pless, les 29 et 30 déc. 1806

— DE STRÉELEN. Le corps des Bavarois, commandé par le général Montbrun et le major Erscher, y bat les Prussiens et leur enlève un convoi considérable, le 3 janvier 1807

— DE WOLLIN. Un détachement du corps d'armée du maréchal duc de Trévise y bat onze cents Prussiens, et leur enlève quatre pièces de canon, le 14 janvier 1807

— DE MOHRING. Le prince de Ponté-Corvo, ayant sous ses ordres les généraux Drouet, Dupont, Pactod et Laplanche, y bat un corps de l'armée russse commandé par les comtes de Pahlen et Galitzin, le 25 janvier 1807

— DE BERGFRIED, DE WATERDORF, et DE DEPPEN. Napoléon, ayant sous ses ordres le roi de Naples, les maréchaux duc de Dalmatie, duc d'Elchingen et prince d'Eckmulh, et lès généraux Guyot, Leval, Legrand, Saint-Hilaire, Lasalle, Gardanne et Latour-Maubourg, y fait culbuter et mettre en déroute plusieurs corps de l'armée russe, les 3, 4 et 5 février 1807

— DE HOFF, 6 février 1807

— D'EYLAU. Napoléon, ayant sous ses ordres le grand duc de Berg, les maréchaux prince d'Eckmulh, duc de Castiglione, duc d'Istrie, duc d'Elchingen, et les généraux Legrand, Saint-Hilaire, Klein, d'Hautpoult, Bonardi de Saint-Sulpice, Dallman, Desjardins, Corbineau, Heudelet et Lochet, y bat l'armée russe, le 9 février 1807

— DE MARIENWERDER, le 12 fév. 1807

— D'OSTROLENKA. C'est à cette bataille que Souwarow fut tué, le 6 février 1807

— DE DIRSCHAW, le 23 février 1807

— DE GUSTADT, le 25 février 1807

— DE BRAUNSBERG, le 26 février 1807

— DE VILLEMBERG, le 10 mars 1807

— DE PASSEWALK et DE BELLING, le 16 avril 1807

— DE FRANCKENTEIN, le 16 avril 1807

— D'UCKERMUNDE, le 17 avril 1807

— DE WEISCHFLMUNDE, les 12 et 15 mai 1807

— DE MALGA, le 13 mai 1807

— DE WISKOWO et DU BUC. Le général français Lemarrois, à la tête d'un corps de Bavarois et de Polonais, y bat les Russes, et détruit les radeaux qu'ils avaient fait construire sur le Bug. 13 mai 1807

— DE PASSENWERDER et DE STEGE; Napoléon donne ordre aux généraux Beaumont et Albert d'attaquer un corps de Russes et de Prussiens qui s'était avancé sur ces places. Ils sont battus et dispersés, le 16 mai 1807

— DE SPADEN et de LOMITTEN ; le 5 juin 1807

— DE DEPPEN et DE WOLESDORFF ; les 6 et 8 juin 1807

— DE GUTTSTADT et de GLOTAW ; le 9 juin 1807

— DE DRUCZEWO ; 10 juin 1807

— D'HEILSBERG et DE LA PASSARGE. Napoléon y bat l'armée russe, les 10, 11 et 12 juin 1807

— DE KOENIGSBERG. Le grand-duc de Berg y fait mettre bas les armes au corps d'armée commandé par le général Lestocq. 13 et 14 juin 1807

— DE CREUTZBOURG ; 13 juin 1807

— DE FRIEDLAND. Napoléon, ayant sous ses ordres les maréchaux prince de Neufchâtel, ducs de Montebello, d'Elchingen, de Trévise, de Bellune, de Reggio, de Rovigo, et les généraux Grouchy, Nansouty, Latour-Maubourg, Lahoussaye, Marchand, Dupas, Bisson, Dupont, Verdier, Sénarmont, Drouet, Cœhorn, et Brun, y bat l'armée russe. Cette victoire fut décisive, et réduisit les Russes à demander la paix, 14 juin 1807

— LISBONNE (entrée des Français dans). Le maréchal Junot, duc d'Abrantès, à la tête de l'armée française, s'empare du Portugal et fait son entrée dans Lisbonne, le 30 novembre 1807

— DE PFAFFENHOFFEN. L'armée autrichienne, commandée par le prince Charles, après s'être mise en mouvement dans les premiers jours d'avril 1809, envahit les états du roi de Bavière, allié de la France; à cette nouvelle Napoléon quitte Paris, passe le Rhin et arrive au secours du roi de Bavière le 16 avril. Le maréchal duc de Reggio rencontre un corps de l'armée ennemie, d'environ quatre mille hommes, qu'il attaque et disperse près de *Pfaffenhoffen*, le 29 avril 1809

— DE TANN. Les maréchaux prince d'Eckmulh et le duc de Dantzick, ayant sous leurs ordres les généraux Morand, Gudin, Saint-Hilaire et Friand, y battent les Autrichiens commandés par le prince de Lichtenstein et le général de Lusignan, qui tous deux furent blessés dans l'action, 19 avril 1809

— D'ABENSBERG. Napoléon résolu de battre et de détruire soixante mille hommes de l'armée autrichienne, commandés par l'archiduc Louis et le général Hiller, se met à la tête des Bavarois et des Wurtembergeois, et fait attaquer l'ennemi par le duc de Montebello qui avait sous ses ordres les généraux Gudin et Morand, qui engagèrent l'action avec une intrépidité inconcevable. Les Autrichiens furent battus, culbutés et mis en déroute, 20 avril 1809

— DE LANDZHUT; 21 avril 1809

— D'ECKMULH. Napoléon y bat et met en déroute l'armée autrichienne, 20 avril 1809

— DE RATISBONNE. Napoléon poursuivant ses succès contre les Autrichiens, les fait battre et culbutter sous les murs et dans la ville de Ratisbonne, par des troupes aux ordres du maréchal duc de Montebello, et des généraux Morand, Gudin, Nausouty et Saint-Sulpice, 23 avril 1809

— DE NEUMARCK. Un petit corps de Bavarois, bien inférieur en nombre, y bat les Autrichiens et conserve ses positions, 25 avril 1809

— DE LAUFFEN. Le lieutenant-général baron de Wrède, commandant les Bavarois, y bat l'arrière-garde de l'armée autrichienne, et lui enlève ses bagages, le 27 avril 1809

— DE SALZBOURG; le 29 avril 1809

— DE CALDÉRO. L'armée d'Italie, aux ordres du prince vice-roi, y bat les Autrichiens, qui sont en pleine retraite, 30 avril et jours suivans 1809

— D'EBERBERG. Les maréchaux prince d'Eslingen, duc d'Istrie, duc de Reggio, et les généraux Claparède, Legrand, Durosnel et Cœborn, y battent les Autrichiens et les chassent de leur position, le 3 mai 1809

— D'AMSTETTEN. Le duc de Montebello y fait battre et repousser les Autrichiens par le général Colbert, qui fit cinq cents prisonniers, 5 mai 1809

— DE LA PIAVE et DE SANTO-SALVATORE. L'armée d'Italie, commandée par le prince vice-roi, ayant sous ses ordres le maréchal duc de Tarente, les généraux Desaix, Grenier et Sorbier, y met en déroute l'armée autrichienne, commandée par l'archiduc Jean et les généraux Wolfski, Giulay, Vauxhel et Hager, le 8 mai 1809

— DE SAINT-DANIEL; le 11 mai 1809

— DE LOFFERS; le 11 mai 1809

— DE KUFSTEIN; 12 mai 1809

— DE VOERGEL; le 13 mai 1809

— D'URFAR; le 17 mai 1809

— DE MALBORGHETTO et DE TARVIS; le 24 et 17 mai 1809

— DE MONT-KITTA, GRADCHATZ, GOSPICH, DE LA LIÉCA et D'OTTACUATZ. L'armée française en Dalmatie, sous les ordres de maréchal duc de Raguse, secondée des généraux Montrichard, Soyez, Tirlet, Delaure, Clausel, Launay et Delzons, et des colonels Bertrand, Bachelu, Minal et Plauzonne, y bat les Croates, les 16, 17, 20 mai et jours suivans 1809

— D'EBERSDORF, DE GROS-ASPERN, D'ESLING et D'ENZERDORF. Napoléon bat l'armée autrichienne, commandée par le prince Charles, lui tue douze mille hommes et vingt-trois généraux, les 21 et 22 mai 1809

Cette bataille coûta la vie au duc de Montebello et au général Saint-Hilaire.

— D'ENGERAU; le 14 juin 1809

— DE CLAGENFURTH; 4 juin 1800

— DE RAAB; le 14 juin 1809

— DE GRATZ; 26 juin 1809

— D'ENZERSDORFF. Napoléon, après avoir

fait passer le Danube à son armée, à l'île de Lobau, présente la bataille aux Autrichiens dans la plaine d'Enzersdorff, et s'empare de tous les villages où ils s'étaient retranchés, le 5 juillet 1809

— DE WAGRAM. Napoléon, ayant sous ses ordres le prince royal de Suède, le prince vice-roi d'Italie, les maréchaux princes de Neufchâtel, d'Eckmulh, d'Elchingen, duc de Reggio, duc de Tarente, duc d'Istrie, duc de Raguse, les généraux comte de Lauriston, Broussier, Lamarque, Nansouty, d'Aboville, Reille, Gudin, de Wrède, Séras, Grenier, Vignolle, Sahuc, Frère et Defrance, y remporte une victoire décisive sur l'armée autrichienne, commandée par l'archiduc Charles, les généraux de Bellegarde, de Kollowrath, de Lichtenstein, de Hiller, de Hollenzollern, d'Auesperg et de Rosemberg, le 6 juillet 1809

— D'HOLLABRUNN. Le maréchal prince d'Eslingen y met en déroute l'arrière-garde de l'armée autrichienne, le 10 juillet 1809

— DE ZNAÏM; le 11 juillet 1809

— DE WALCHEREN. Pendant que Napoléon était campé sous les murs de la capitale de l'Autriche, les Anglais firent, en octobre 1809, une descente dans l'île de *Walcheren*, en menaçant d'entrer dans les provinces de Hollande et de Flandres; mais la France, sans distraire un seul bataillon de son armée active, dirige des forces assez considérables sur les côtes, pour faire non-seulement renoncer les Anglais à leur projet d'invasion, mais encore pour les chasser entièrement du continent, d'où ils disparurent presque aussitôt.

Passage du NIEMEN. Commencement des hostilité avec la Russie. L'armée était forte de quatre cent mille hommes, tant français qu'alliés de la confédération du Rhin, dont quatre-vingt mille hommes de cavalerie, 23 juin 1812

Entrée de Napoléon à Wilna, 28 juin 1812

Passage de la DUNA par le maréchal duc de Reggio, près de Dunabourg, 15 juillet 1812

Bataille des AROPILES, remportée par le général Wellington sur le duc de Raguse; l'armée française se retire derrière le Duevo, 21 juillet 1812

Combat de MOHILLEFF entre le maréhcal Davoust et le prince Bagration, 23 juillet 1012

Combats meurtriers d'OSTROWNO; retraite de l'armée russe sur Smolensk; entrée des Fraçais à Witepsk; 26, 28 juillet 2812

Bataille de SMOLENSK, gagnée par la grande armée sur l'armée russe, commandée par le général Barclay de Tolly, 17 août 1812

— DE MOJAÏSK ou de la MOSKOWA, ou de BORODINO, gagnée par Napoléon contre l'armée russe, commandée par Kectosoff, 7 septembre 1812

Entrée des Français à Moscou, 11 sept. 1812

Combat de WINSKOVO, entre Murat et le général russe Beningsen, 18 octobre 1812

Départ de l'armée française de Moscou, 18 octobre 1812

Combat de MALLO-JAROSLAWETZ, gagné par le prince vive-roi sur l'armée russe de Kutusoff, 24 octobre 1812

Rentrée des Français dans MADRID, après la retraite de Wellington, 1er nov. 1812

Combat de WIASMA, du prince vice-roi et du maréchal Davoust, contre le général Milaradowichs, 2 novembre 1812

— DE DOROGOBUSCH, entre l'hetman Platow et le vice-roi, 9 novembre 1812

— DE KRASNOÏ, 17 novembre 1812

Bataille de la BÉRÉSINA, gagnée par l'armée française, commandée par le maréchal Ney, contre les armées russes, 25 et 26 novembre 1812

— DE LUTZEN OU GROSS-GERCHEN, entre Napoléon et le comte Wittgenstein, 2 mai 1813

— DE BAUTZEN, gagné par Napoléon sur les armées alliées, 20 mai 1813

— DE WURSCHEN, entre les mêmes, 21 mai 1813

Le maréchal Ney force les passages de la NEISS et de la QUIESS, et occupe BUNZLAU, 23 et 24 novembre 1813

Bataille de VITTORIA, gagnée par Wellington sur Joseph Bonaparte et le maréchal Jourdan, 21 juin 1813

— DE SAINT-JEAN-PIED-DE-PORC, entre le maréchal Soult et Wellington, 25 juil. 1813

Attaque de DRESDE, mort de Moreau, 26 août 1813

Bataille de DRESDE, entre Napoléon et l'armée alliée. Retraite des alliés, 27 août 1813

— DE CULM. Défaite de Vandamme par les généraux Kleist et Ostermann, 30 août 1813

— DE DENNEWITZ, entre le prince royal de SUÈDE, le général Bulow et le maréchal Ney, 6 septembre 1813

DE WACHAU, entre les alliés et la grande armée, 16 octobre 1813

— DE LEIPZICK, qui dure trois jours, et où l'armée française est presque détruite sous le commandement de Napoléon, contre les armées alliées commandées par le prince de Schwartzemberg, dans les journées des 18, 19 et 20 octobre 1813

— DE HANAU, gagnée par Napoléon sur l'armée bavaroise, commandée par le général Wrede, 30 octobre 1813

Combat de BAYONNE, entre le maréchal Soult et Wellington, 10 décembre 1813

Capitulation de DANTZICK, après un siége glorieux de treize mois. Cette place était défendue par le général Rapp, 2 janv. 1814

Affaire de SAINT-DIZIER, entre Napoléon et le général Lanskoi, 27 janvier 1814

Combat de BRIENNE, entre Napoléon et le général Blucher, 29 janvier 1814

Bataille de BRIENNE ou de la ROTHIÈRE, entre les mêmes, 1er février 1814

Combat de CHAMP-AUBERT, entre Napoleon et l'armée russe, 10 février 1814

Bataille de MONTMIRAIL, entre Napoléon et l'armée de Sacken, 11 février 1814

— D'ORTHEZ, remportée par Wellington sur l'armée du maréchal Soult, 13 fév. 1814

— DE VAUXCHAMPS, entre Napoléon et le maréchal Blucher, 14 février 1814

— DE NANGIS, entre Napoléon et le général Palhen, 17 février 1814

— DE MONTEREAU, entre les maréchaux Oudinot et Victor, et le prince royal de Wurtemberg, 18 février 1814

— DE BAR-SUR-AUBE, entre les maréchaux Macdonald, Victor et Oudinot, et les généraux Wrede et Wittgenstein, 27 fév. 1814

— DE TROYES, entre Napoléon et les généraux Wittgenstein et Blucher, 3 mars 1814

— DE CRAONNE, entre Napoléon et les armées alliées, commandées par Winzingerode, Langeron, Woronzoff et Sacken, 6 mars 1814

— DE LAON, entre Napoléon et le général Blucher, 9 mars 1814

— DE REIMS, entre Napoléon et le général Saint-Priest. L'armée française entre dans cette ville, 13 mars 1814

— D'ARCIS-SUR-AUBE, 21 mars 1814

— DE FÈRE champenoise, entre les corps des maréchaux Marmont et Mortier, et le prince royal de Wurtemberg, 25 mars 1814

— DE PARIS, entre les armées alliées et le corps du maréchal Marmont, à la suite

de laquelle fut signée la capitulation de l
capitale, 29 mars 181

— DE TOULOUSE, entre le maréchal Sou
et Wellington, 10 avril 181

— DE LIGNY, gagnée par Bonaparte su
le corps d'armée du maréchal Blucher,
juin 18

— DE MONT-SAINT-JEAN, de WATERL
ou de la BELLE-ALLIANCE, gagnée par We
lington sur l'armée de Bonaparte. Désast
de l'armée française, 18 juin 18

FIN.

www.ingramcontent.com/pod-product-compliance
Ingram Content Group UK Ltd.
Pitfield, Milton Keynes, MK11 3LW, UK
UKHW012022240726
13965UKWH00002B/526

9 782013 392617